カッコいいジャケットを作る

香田あおい

JN222236

S・M・L・LL縫い代つき実物大パターン２枚

文化出版局

20 Jackets

A

Set-in sleeve jacket

スタンドカラーから
テーラードカラーへ応用した、トラッドな
2 枚袖のセットインスリーブジャケット

p.5, 20 BASIC A-1a

p.21 BASIC A-1b

p.10 A-2

p.11 A-3

p.26 A-4

B

Mannish set-in sleeve jacket

肩ラインを後ろ寄りにした、1 枚袖の
マニッシュセットインスリーブジャケット。
メンズパターンがお手本

p.6, 16 BASIC B-1

p.18 B-2

p.34 B-3

A、B、C、D、Eの基本パターンと
その応用で、20のジャケットを紹介。
素材を替えれば、一年中のジャケットが作れます。

C
Raglan sleeve jacket

動きが楽な
ラグランスリーブジャケット。
ゆったりシルエットが作りやすい

p.7, 22 BASIC C-1

p.15 C-2

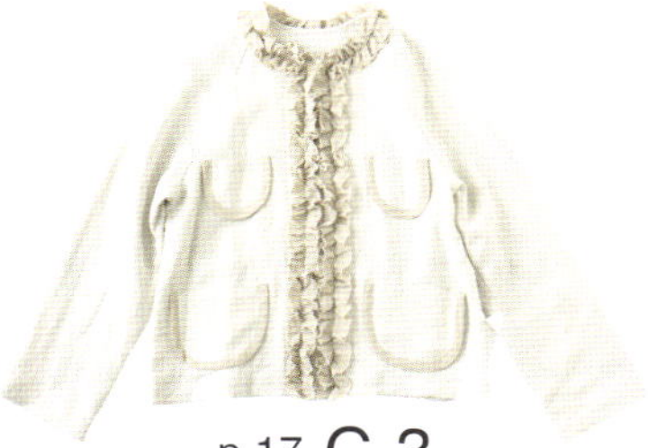

p.17 C-3

p.29 C-4

D
Dropped shoulder jacket

袖つけ線を少し落として
リラックス感を出した
ドロップトショルダージャケット

p.8, 32 BASIC D-1

p.12 D-2

p.24 D-3

p.33 D-4

E
Dolman sleeve jacket

身頃から裁ち出した袖のゆとりが
きれいなドレープになる
ドルマンスリーブジャケット

p.9, 28 BASIC E-1

p.14 E-2

p.25 E-3

p.30 E-4

はじめに

簡単とは言えないが仕立て映えする、
カッコいいジャケットが作れる本があったらいいなと思っていた。

まずイメージどおりにでき上がったのが、
渾身の作と言えるＡパターン、セットインスリーブジャケット。
スタンドカラーとテーラードカラーの２種類が作れる。
パターンは3面体のボディと袖は同じにして、見返しと衿を変えて、
デザインバリエーションをつけた。
これらのパターンの違いを知ってとりかかると、
美しく仕立てることができるのだと思う。
そしてもう一つのこだわりは、抜け感のあるジャケットにするため、
前中心に地の目を通していないこと。
その結果、肩で着こなすような着心地のよさ、
第1ボタンだけをとめて着てもさまになる、そんなラフなシルエットになっている。

初心者のかたに、と作ったＥパターン、ドルマンスリーブジャケット。
こちらはパターンがあればサクサクできて見栄えする優れもの。
オープンファスナーあきや、ブランケット・ステッチをきかせた、
はおるのにもちょうどいいデザインにした。

どのジャケットも手作りには見えないカッコよさのためには、
パターンが重要、と試行錯誤して楽しくパターンを引いた、
ハズレなしの自信作となっている。
どれもこれも素材を替えて楽しんでもらいたい。

仕立ては一重仕立てが基本になっているが、
脱いだときにきれいな縫い代の始末をしてある。
素材によっては背裏や総裏仕立てもある。
パターンと仕立て方も詳しく解説しているので、
向上志向で、楽しんで作ってほしい。

わたしのワードローブでは、
ジャケットは、好きなアイテムの一つなのにいつのころからか着ていないなぁ。
カチっとしたのでなく、ラフなのに清潔感がある、
そんなジャケットが一着あると便利だと思う。
デニムとローファーに合わせて袖をロールアップしたりとか……
好きなスタイル。

余談だが、アパレル会社の試験を受けたときのこと、
スタートまで伏せられたデザイン画をめくると、
目の前に現われたのは「テーラードカラージャケット」。
制限時間は2時間、一斉に走り出す鉛筆の音をいまだに忘れられない、
テーラードカラージャケットの思い出。

香田あおい

BASIC A-1a

セットインスリーブジャケット

Set-in sleeve jacket

BASIC B-1

マニッシュセットインスリーブジャケット

Mannish set-in sleeve jacket

BASIC C-1

ラグランスリーブジャケット

Raglan sleeve jacket

BASIC D-1

ドロップトショルダージャケット

Dropped shoulder jacket

BASIC E-1

ドルマンスリーブジャケット

Dolman sleeve jacket

A-2 →p.50

清涼感いっぱいなリネンのギンガムチェック。
衿先とラペルに丸みをつけたテーラードジャケットは、
裏をつけない軽やかな仕立てで。

→p.52

A-3

丈を腰まで長めにすることで、
スレンダーに見えるイメージチェンジしたジャケット。
着方でスタンドカラーからラペルの表情を変化させて。

→p.80

D-2

袖つけ線を肩から少し落とした、
ドロップトショルダーは仕立てやすさもうれしい。
シャツ感覚で着られるリネンジャケットに。

E-2 →p.90

ボーダー柄のカットソー素材で、
衿もとのドットボタンをとめるだけのカジュアルな仕様。
ドルマンスリーブならではのストライプの動きが楽しい。

→p.71

C-2

ラグランスリーブのデニムジャケット。
白いステッチとグログランリボンをきかせたポケットがアクセントになったフェミニンスタイル。

B-1

→p.56

肩のラインを後ろにずらすことで、
腕を動かしやすくしたマニッシュセットインスリーブ。
〝ジージャン〟のように気楽に着られるジャケットです。

→p.73

C-3

p.15と同じパターンですが、
布地をナチュラルな色と風合いのリネンツイルに。
ポケットの縁とりとボリュームのあるフリルで甘さをプラス。

B-2

→p.60

コーデュロイとインドのハンドプリントコットンを使った、
リバーシブルジャケットです。
正確な裁断と縫合せで、驚くほど簡単にできます。

A-1a

→p.40

テーラードジャケットをスタイリッシュにアレンジしたデザイン。衿はスタンドカラー、ラペルは折り返さないで着ています。ウールですが裏布はつけず、内側もきれいな仕立てに。

→p.49

A-1b

左ページと布地違いのジャケット。
第1ボタンをとめ、衿回りを軽く開いた着こなしです。
これも一重仕立てで、ポケット裏には縞木綿使いのこだわりが。

C-1

→ p.66

軽くて暖かなダブルフェースのウールで、
総裏をつけたダブルブレストの打合せにして、
ハーフコートくらいのボリュームあるジャケットに。

D-3

→ p.82

無地に近いほどダークな配色のチェックに、
コーデュロイを衿に使ったトラディショナルな雰囲気の一着。
飽きることなく着られるベーシックスタイルです。

→p.92

E-3

ガウンをはおるように着こなしたい、ドルマンスリーブのジャケット。
ダブルフェースの軽いウールはほつれにくいので、
裁ちっぱなしの布端をブランケット・ステッチで飾る仕立てに。

A-4 →p.53

英国紳士を彷彿とさせるクラシカルなテーラードジャケット。
ラペルがきれいに返るのは、計算されたパターンのおかげ。
ウールツイードのように見えますが、チクチクしないコットンです。

E-1

→p.86

綾織りウールでドルマンスリーブのジャケット。
すっきり見えるオープンファスナーあき。
きれいにつけるテクニックをマスターしてください。

→p.75

C-4

仕立て映えする上質なツイードの、ラグランスリーブジャケット。
着やすいように総裏つき、裏地の裾はふらせた仕立てです。
厚みが出すぎないように、スラッシュポケットに。

→p.94

E-4

アンゴラシルクのネップが入った柔らかなウールで、
ラップスタイルのジャケットに。
共布のベルトで、ガウン風な着こなしもおすすめです。

D-1

→ p.77

ベースのグリーンに数色が織り込まれたウールツイードで、
肩の凝らないドロップトショルダーのジャケット。
あきは飾りにもなる大きなスナップをつけました。

→p.84

D-4

木綿のローンで中わたをはさみキルティングした布地、
〝イブルキルト〟で軽いジャケットを。
衿と袖口には、配色のいいリバティプリントでアクセントに。

→p.63

B-3

フード、チンウォーマー、と暖かさの演出がされた、ウールヘリングボーンのジャケット。
縁とりテープが縫いやすく、効果的なアクセントにも。

HOW TO MAKE

作り始める前に

パターンの作り方

作品はすべて付録の実物大パターンを使って作ります。
実物大パターンは縫い代込みのパターンです。

1. サイズを決めます

・付録の実物大パターンは4サイズになっています。4サイズの寸法はサイズ表に示していますので、バストの寸法に合わせてサイズを決めてください。
・中間の寸法でサイズを迷うかたは、作り方ページに表記してある出来上り寸法も参考に、ゆったりめがよい場合には大きいほうのサイズを、ゆとりが少なめでもよい場合は小さいほうのサイズを選びます。

サイズ表　（単位はcm）

サイズ	S	M	L	LL
バスト	80	85	90	95
ウエスト	61	66	71	76
ヒップ	87	92	97	102
身長	158〜164			

2. 別紙に写します

・付録の実物大パターンにハトロン紙など下の線が透ける程度の紙を重ねて、選んだサイズの線を写します。写す前に、線を間違えないように、使うサイズの線をマーカーペン(こすると消えるタイプがよい)などでなぞっておくとよいでしょう。
・布目線や合い印、ダーツ、衿つけ止り、ポケットつけ位置、ボタンホール位置なども忘れずに写します。
・形が似ているパーツもありますので、各パーツの名称も書き込んでおきましょう。

3. 出来上り線をかきます

・付録の実物大パターンは縫い代の含まれたパターンなので、写した太線は、布を裁つ線です。出来上り線は各パーツのいちばん小さいSサイズの内側だけに、Sサイズの出来上り線を入れてあります。Sサイズのかたはその出来上り線も写します。
・Sサイズ以外のかたは、縫い代寸法を裁合せ図に示してありますので、裁合せ図やSサイズの出来上り線を参考に、写したパターンの内側に出来上り線をかきます。

4. 切り取ります

写した線どおりにパターンを切り取ります。これでパターンの出来上り。最後に必要なパターンがそろっているか確認します。

材料のこと

・材料に表記した布幅と違う布を使用する場合は、使用量が増減することがあります。裁合せ図を参考に使用量を確認してください。
・材料からはミシン糸を省いています。布に合ったミシン糸も用意してください。

布の裁ち方と印つけ

・裁合せ図を参考に、パターンの布目線を布の縦地に合わせてパターンを配置し、縫い代つきのパターンどおりに布を裁ちます。
・ウールを使用する場合は、わずかな毛並みがあるものでも、なるべく上下をそろえてパターンを一方方向に配置するようにします。
・裁合せ図はMサイズで表記しています。サイズが変わるとパターンの配置が変わることもありますので、裁つ前に布にパターンを配置して確認をしてください。また布幅が違う布を使う場合も同様です。
・出来上り線の印つけは省き、合い印や衿つけ止りなどは、縫い代端に0.3cm程度の切込み（ノッチ）を入れてしるします。ポケットつけ位置やダーツの印は、ウールの場合はしつけ糸でしるす切りじつけで、木綿やリネンの場合はチョークペンシルなどでしるします。
・出来上り線の印をつけないで縫い合わせるには、ステッチ定規を使ったり、ミシンの針板の目盛りをガイドにして、縫い代幅でミシンをかけます。

接着芯・接着テープのこと

◉ 接着芯

・形を整えやすく、またきれいな形を保つために、衿や前見返しには接着芯をはります。
・接着芯は薄手のものを選びましょう。写真は作品に多く使用した接着芯です。
・接着芯はアイロンではりますが、はりむらが出ないように注意しましょう。全体にむらなくしっかりアイロンを当てて接着させ、接着後は熱が冷めるまで平らに置いておきます。
・接着芯をはるときは、必ず使用する布のはぎれにはって、接着後の風合いなどを確かめておきましょう。

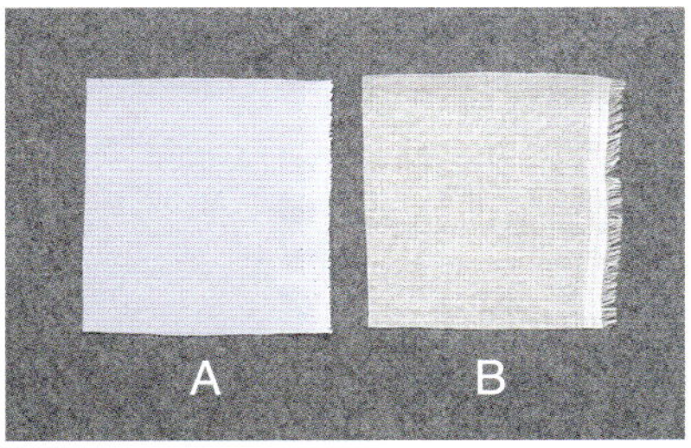

A：ポリエステル100％で織布の薄手接着芯。しなやかで少し伸びます。主にウールのジャケットに使っています。
B：コットンポリエステルで織布の薄手接着芯。やや張りがあり、伸びない接着芯です。主にリネンやコットンのジャケットに使っています。

◉ 接着テープ

衿ぐりや袖ぐり、前端などには、伸止めのために接着テープをはります。写真は作品に使用した接着テープです。

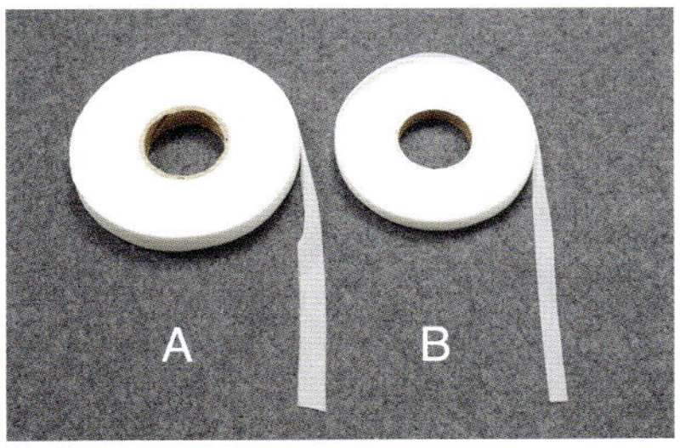

A：ハーフバイアスの1.2㎝幅接着テープ。裏面の縫い代にはります。
B：ハーフバイアスの0.8㎝幅接着テープ。裏布のつかないジャケットの場合、袖ぐりなどは裏面の縫い代にはると、仕上がった後で接着テープが見えてしまいます。そのような箇所には縫い代幅より狭い幅の接着テープを身頃表面の袖ぐり縫い代にはります。袖をつけると接着テープが縫い代の内側に隠れます。

縫い代の始末のこと

裏側が見えることのあるジャケット、特に一重仕立ての場合には、縫い代の始末にもこだわりたいもの。縫い代の始末にひと手間加えて裏側をきれいに仕上げると、ワンランク上の仕上りになります。
作品に使った縫い代の始末のしかたをご紹介します。詳しい縫い方はそれぞれの作品の作り方ページで説明しています。

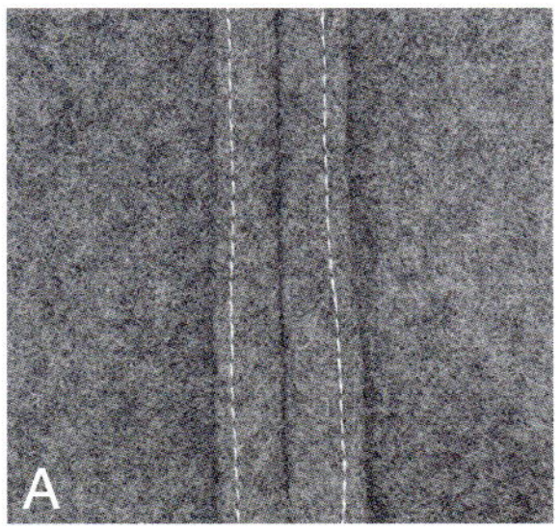

縫い代の端にロックミシン（またはジグザグミシン）をかけて2枚を縫い合わせます。次に縫い代を割ってからロックミシンの部分を内側に折ってステッチで押さえます。ロックミシン目が隠れて裏側がすっきりした仕上りになります。

2枚を縫い合わせ、縫い代を割ってから縫い代端を市販のバイアステープでくるんで仕上げます。高級感のある仕立てになります。バイアステープは布と同系色はもちろん、配色を考えた色にすると遊び心のある仕上りに。

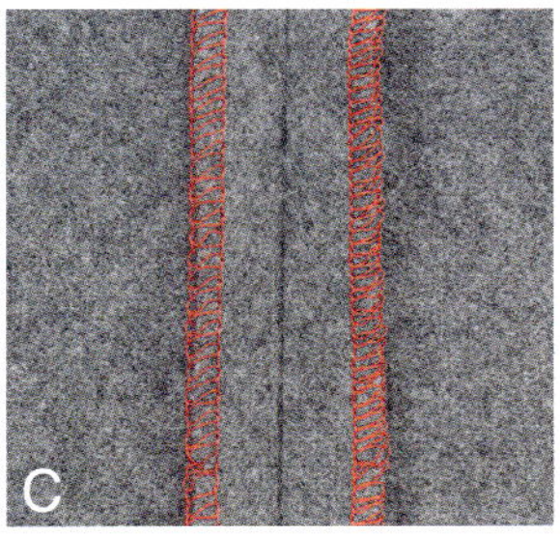

ロックミシンをかけてから2枚を縫い合わせて縫い代を割る一般的な方法。脱いだときに見える身頃の裏側はAやBで始末しても袖の縫い代だけはこの方法で始末することもあります。

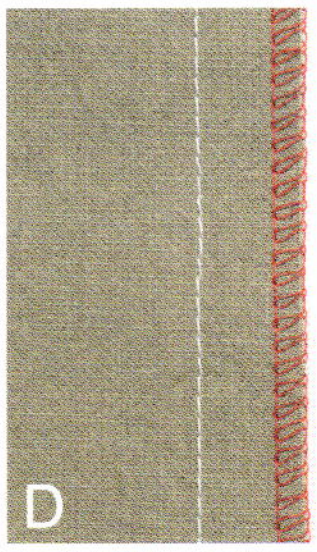

2枚を縫い合わせてから2枚の縫い代に一緒にロックミシンをかける一般的な方法。薄手の布や縫い代を片側に倒すときに。

◉ バイアステープ

縫い代の始末に使うバイアステープは、市販のもので、テープの両端を折った状態になっている「両折りタイプ」を使います。写真上は1.15cm幅で縫い代の始末Bのときに、写真下は1.8cm幅で、袖つけの縫い代をくるんで始末（p.47～48参照）するときに使用しています。

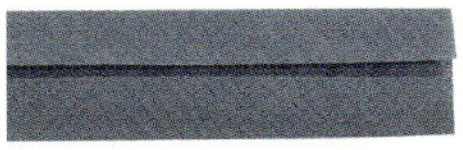

p.5, p.20 A-1a セットインスリーブジャケットを作ってみましょう

【出来上り寸法】

S ＝バスト96cm　着丈59cm　袖丈62.5cm
M ＝バスト101cm　着丈59cm　袖丈63cm
L ＝バスト106cm　着丈61cm　袖丈63.5cm
LL＝バスト111cm　着丈61cm　袖丈64cm

【パターン(2面)】

A後ろ身頃　A脇身頃　A前身頃　A-1前見返し　A外袖
A内袖　A-1ポケット　A-1衿

【材料】

表布　ウール…148cm幅S・M1m80cm／L・LL1m90cm
薄手木綿(裏ポケット用)…45×20cm
接着芯…90cm幅80cm
接着テープ…0.8cm幅、1.2cm幅各適宜
ボタン…直径2.2cm3個、1.4cm1個
バイアステープ(両折りタイプ)…1.8cm幅1m20cm
※作り方写真では、わかりやすいように糸の色をかえています。

【裁合せ図】

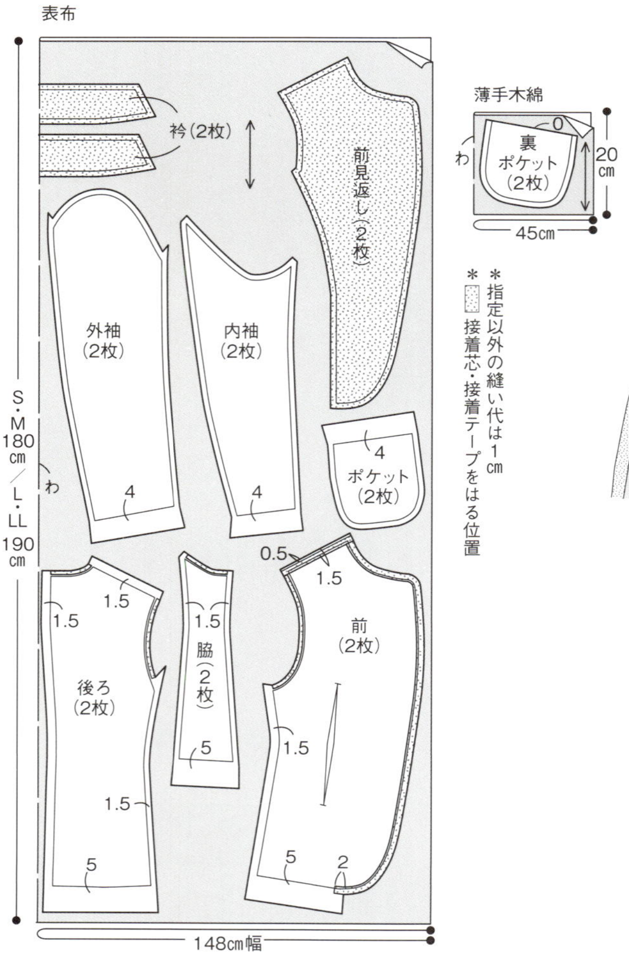

【下準備】

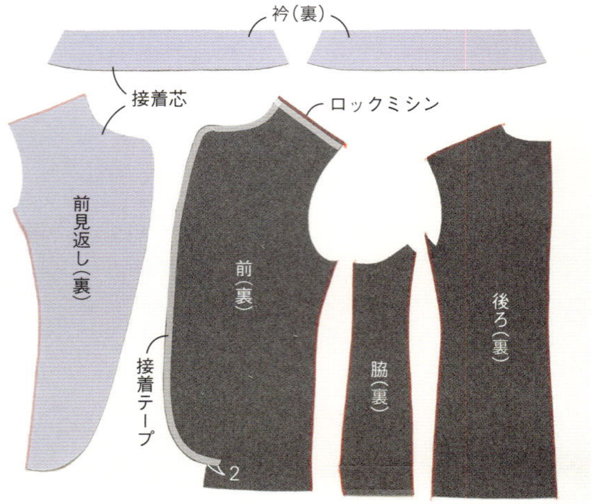

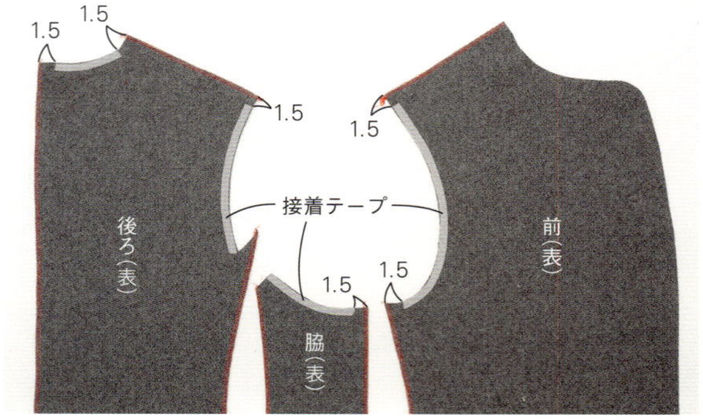

〈肩、前端の
接着テープのはり方〉

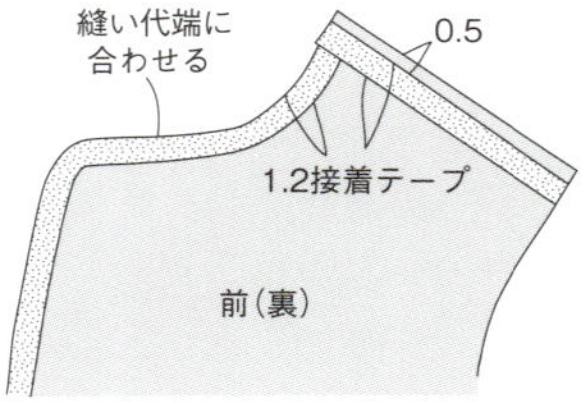

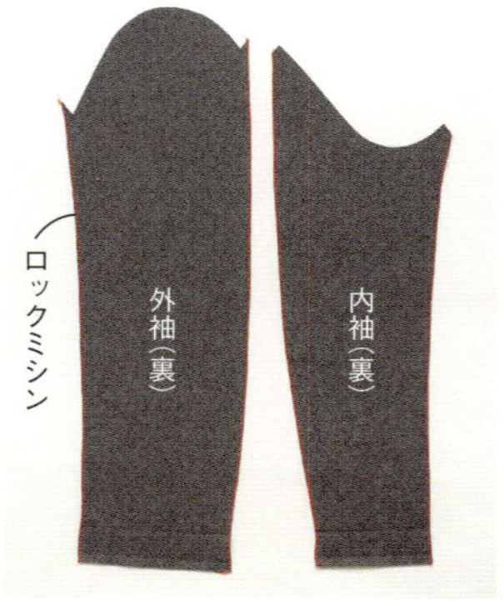

① 前見返し、衿の裏面にアイロンで接着芯をはる。
② 前身頃裏面の肩、前衿ぐり～前端の縫い代に1.2cm幅の接着テープをアイロンではる。肩は縫い代端から0.5cm内側にはる。
③ 前身頃、脇身頃、後ろ身頃表面の袖ぐり、後ろ衿ぐりの縫い代に0.8cm幅の接着テープをはる。
④ 後ろ身頃の後ろ中心と肩と脇側、脇身頃の両サイド、前身頃の肩と脇側、前見返しの肩と脇側、外袖と内袖の両サイドの縫い代にロックミシン(またはジグザグミシン)をかける。

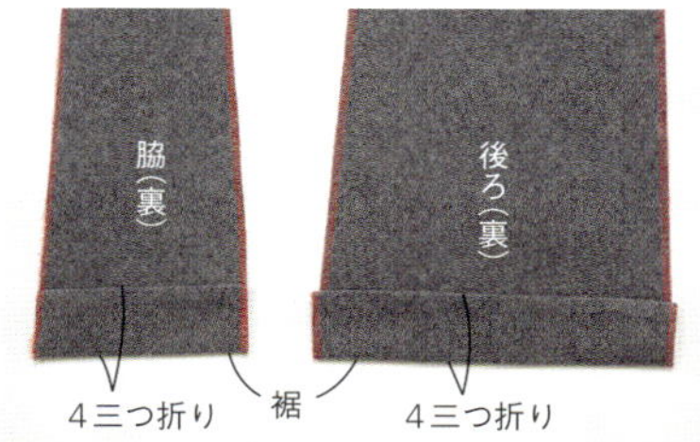

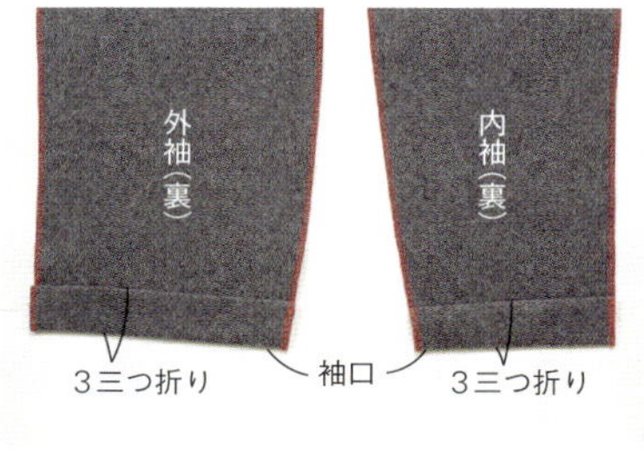

〈裾の三つ折り〉

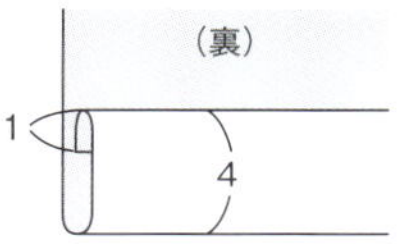

〈袖口の三つ折り〉

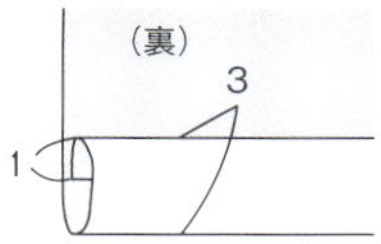

⑤　後ろ身頃と脇身頃の裾、外袖と内袖の袖口の縫い代をアイロンで三つ折りにする。

1. ダーツを縫う

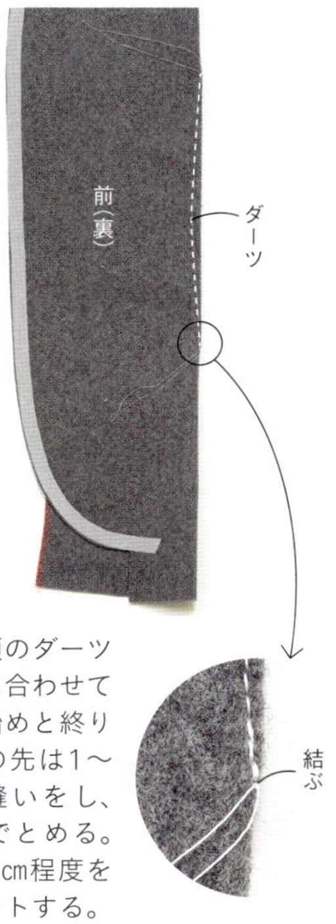

①　前身頃のダーツ分を中表に合わせて縫う。縫始めと終りのダーツの先は1〜2針返し縫いをし、糸を結んでとめる。糸端は0.5cm程度を残してカットする。

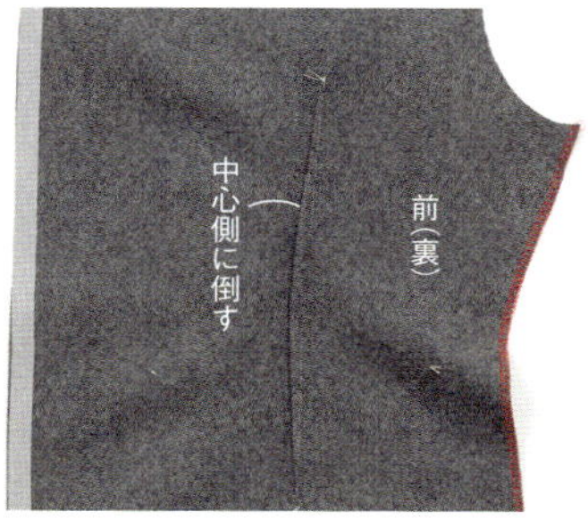

②　ダーツの縫い代を前中心側に倒してアイロンで整える。

2. ポケットを作ってつける

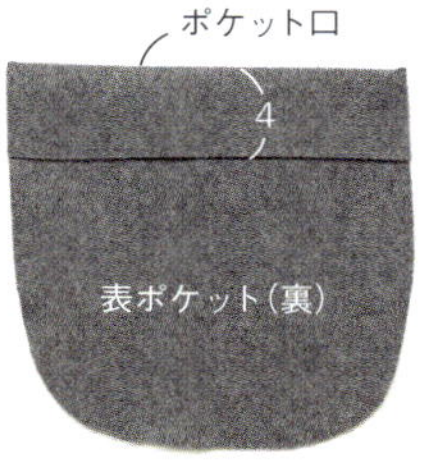

①　表ポケットのポケット口縫い代をアイロンで裏面に折る。

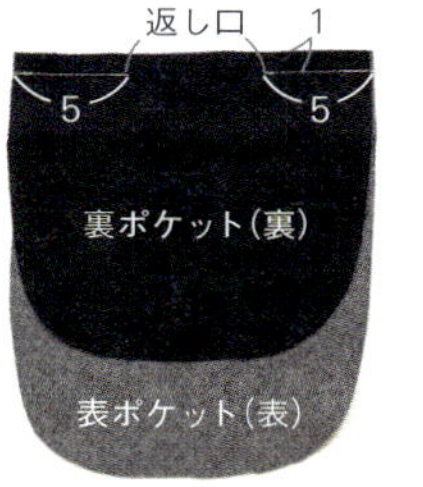

②　①の折り山を開き、表ポケット口の縫い代端に裏ポケットを中表に合わせる。両端から5cmぐらいずつ縫い、中央は返し口として縫い残しておく。

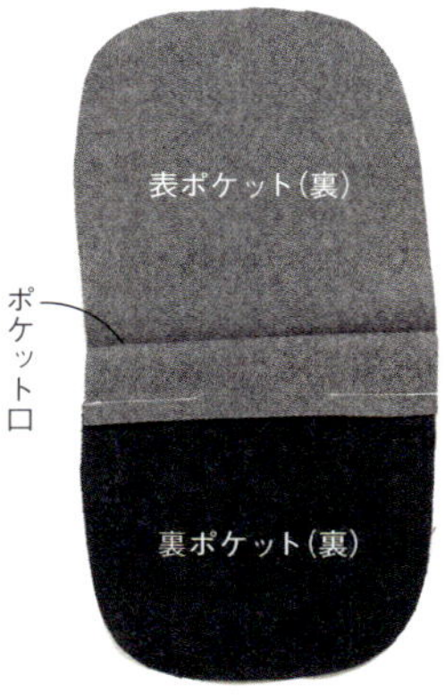

③　②の縫い代を裏ポケット側に倒してアイロンで整える。

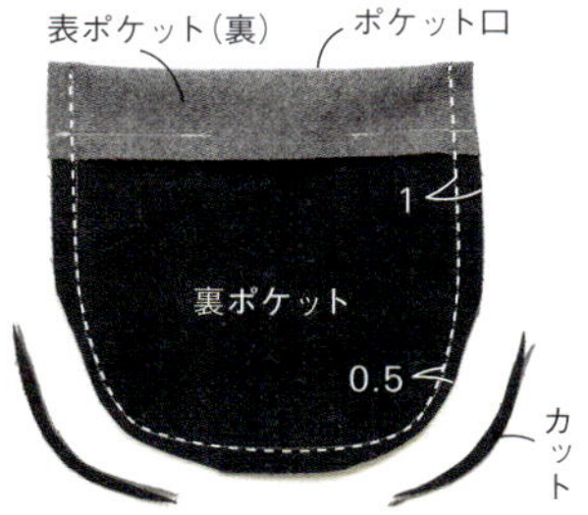

④　③をポケット口から中表に折って外回りを縫う。次にカーブの部分の縫い代を0.5cmにカットする。

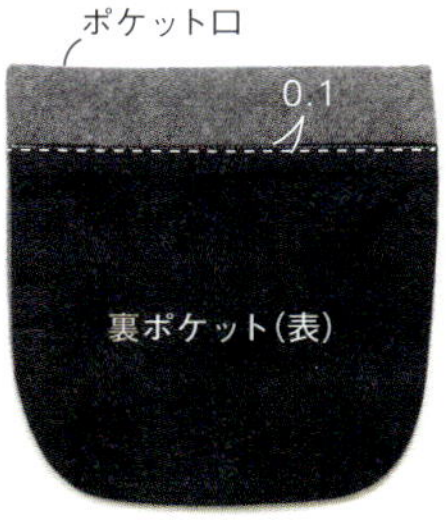

⑤　②で縫い残した返し口からポケットを表に返してアイロンで整え、裏ポケット布の上端にステッチをかける。

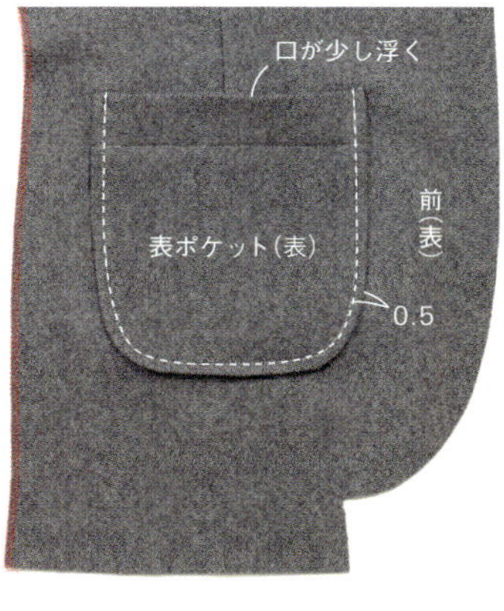

⑥　前身頃のつけ位置に合わせてポケットをまち針でとめ、外回りにステッチをかける。ポケット口がダーツ分少し浮いて仕上がる。

3. 後ろ中心を縫う

① 左右の後ろ身頃を中表に合わせ、裾の三つ折りを開いて後ろ中心を縫う。

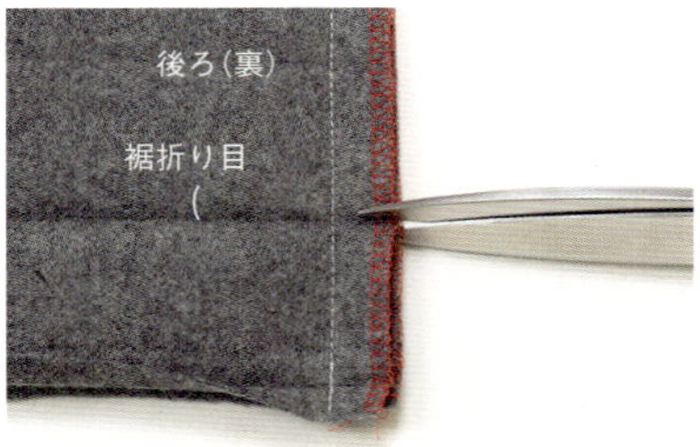

② 後ろ中心の裾の折り目位置の縫い代に、0.7㎝ぐらい切込みを入れる。

③ 後ろ中心の縫い代をアイロンで割る。

④ 割った縫い代端を0.5㎝ぐらい裏面に折って裾の切込みまでステッチをかける。

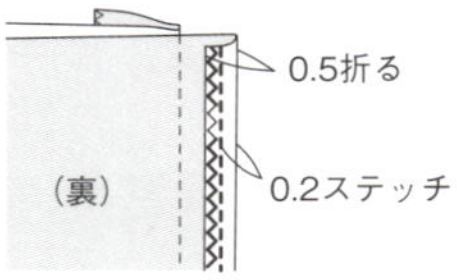

⑤ もう一方の縫い代端も④と同様に折って裾の切込みまでステッチをかける。

4. 後ろ身頃と脇身頃を縫う

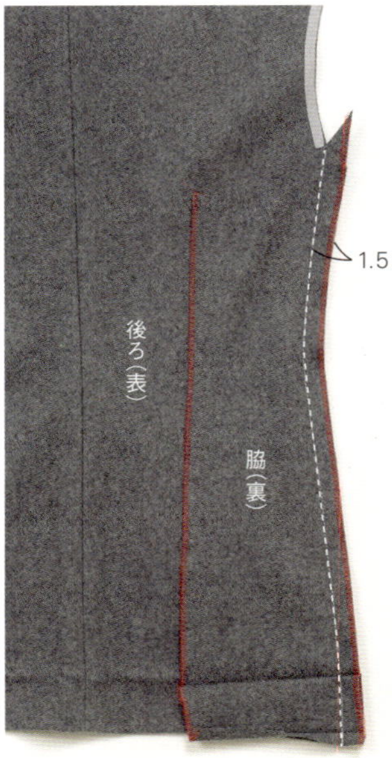

① 後ろ身頃と脇身頃を中表に合わせ、裾の三つ折りを開いて切替え線を縫う。

② 「3②～⑤」と同じ要領で縫い代の始末をする。

③　もう1枚の脇身頃も同様に後ろ身頃と縫い合わせる。

5. 前端を縫う

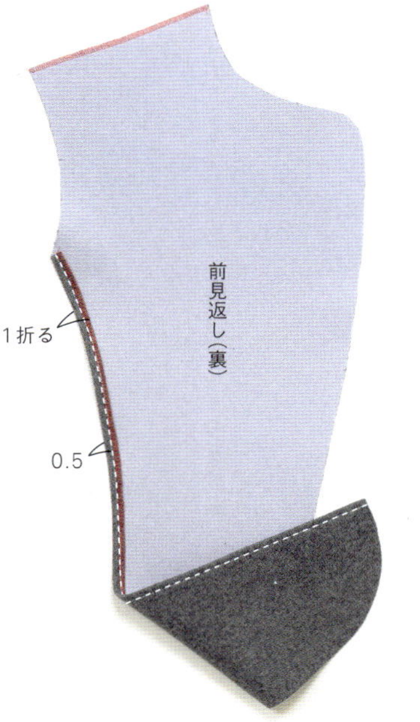

①　前見返しの脇側の縫い代を折ってステッチをかける。

②　前身頃と前見返しを中表に合わせ、衿つけ止りから裾まで前端を縫う。

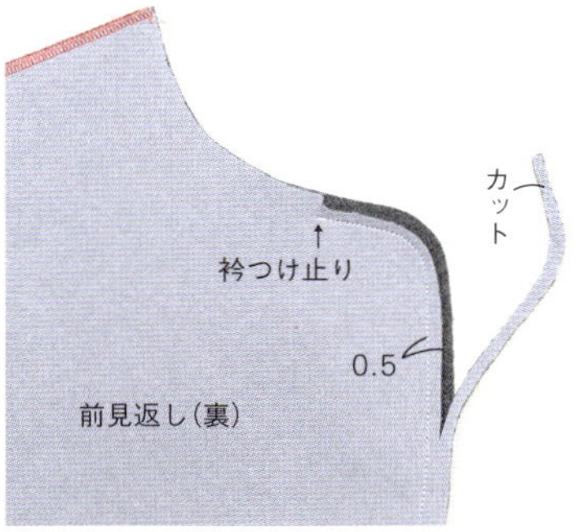

③　②で縫った部分の前見返しの縫い代だけを0.5cmにカットする。

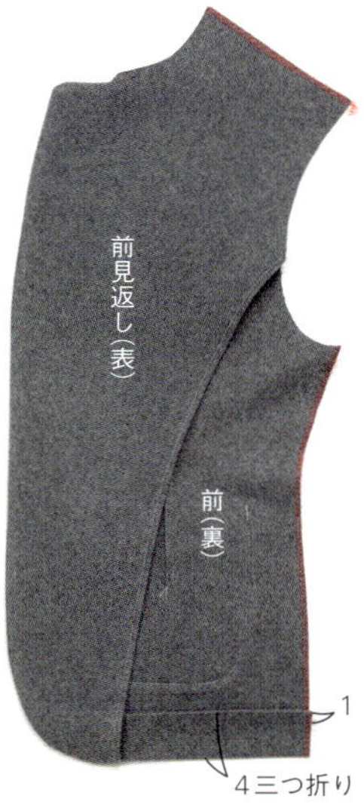

④　表に返して前端をアイロンで整える。前身頃の裾は縫い代をアイロンで三つ折りにする。

6. 肩を縫う

① 前身頃と後ろ身頃の肩を中表に合わせて縫う。衿ぐり側は出来上り位置で縫い止める。

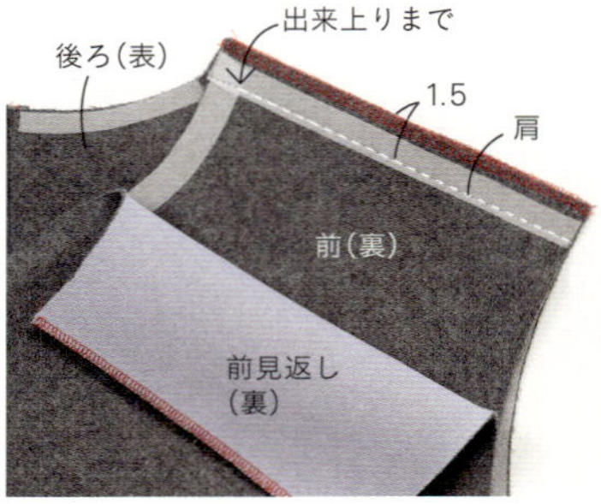

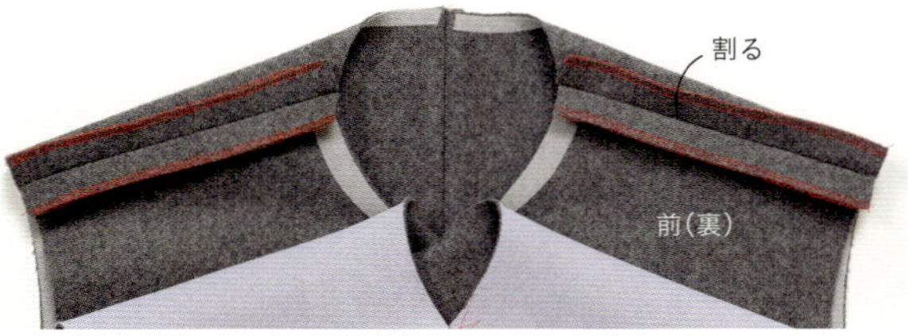

② 肩縫い代をアイロンで割る。

7. 衿を作る

① 2枚の衿を中表に合わせて外回りを縫う。つけ側は縫い代分を縫わないで出来上り位置で縫い止める。

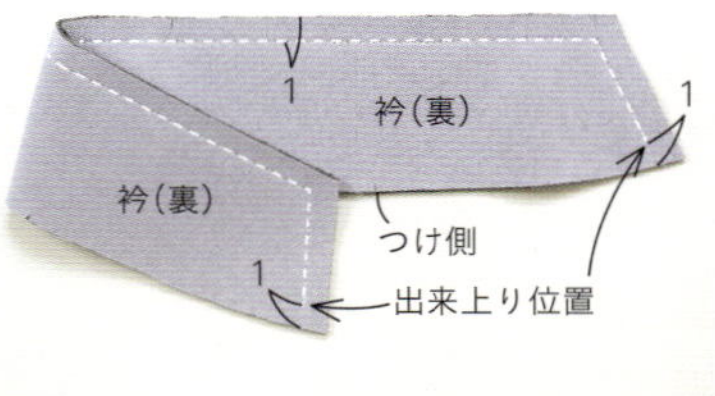

② 衿外回りの1枚の縫い代だけを0.5cmにカットし、角は縫い代を2枚一緒に斜めにカットする。このとき0.5cmにカットしたほうを裏衿にする。

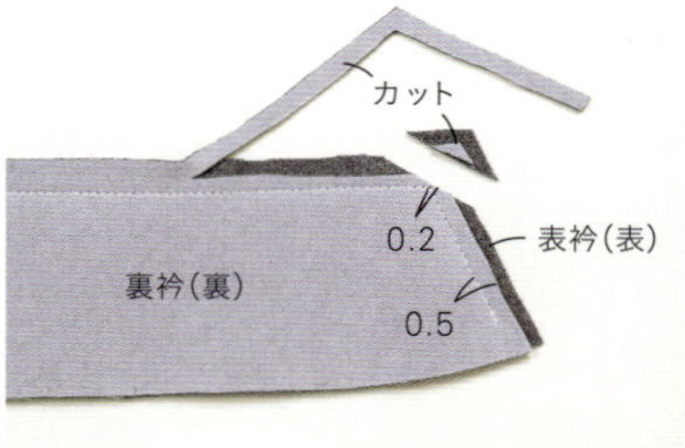

③ 衿を表に返してアイロンで整える。

8. 衿をつける

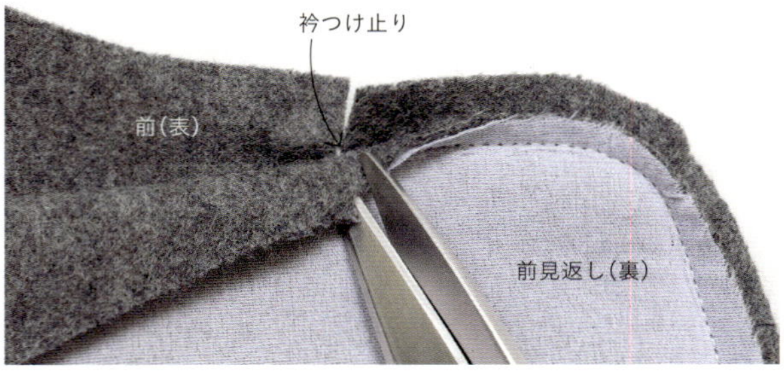

① 前身頃、前見返しの衿つけ止りの縫い代に切込みを入れる。

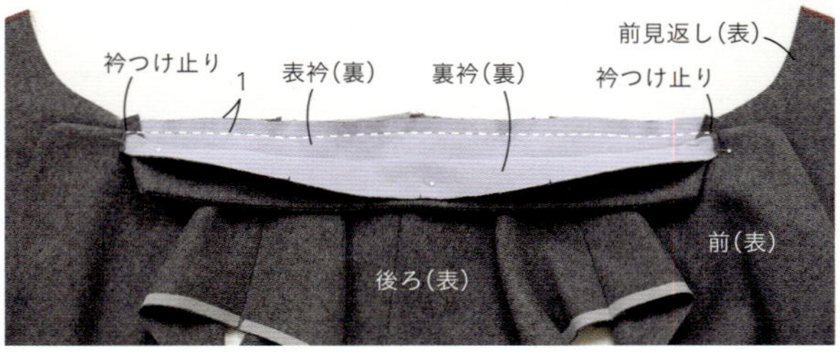

② 前見返しをよけ、身頃衿ぐりの衿つけ止り〜衿つけ止りに表衿を中表に合わせて縫う。

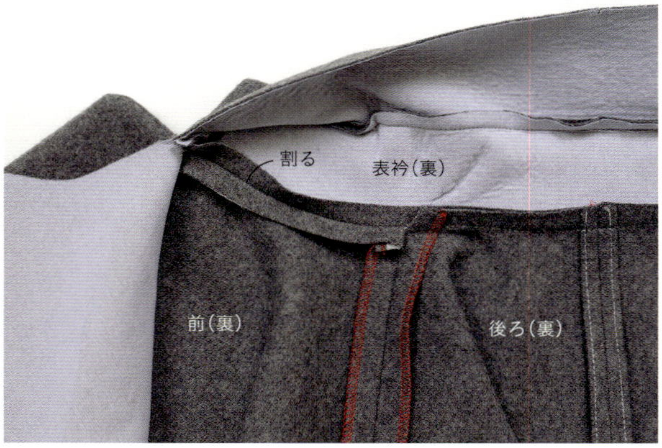

③ ②の前衿ぐりの縫い代は割り、後ろ衿ぐりの縫い代は表衿側に倒す。

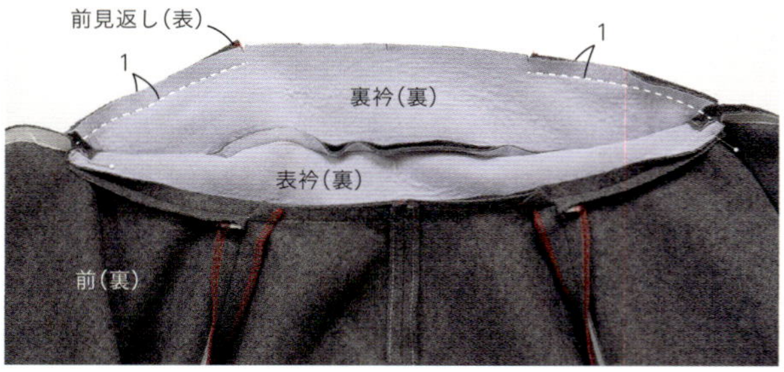

④ 前見返しの衿ぐりに、裏衿を中表に合わせて縫う。

⑤　前見返しの肩縫い代端から1cm内側の衿ぐり縫い代に切込みを入れる。

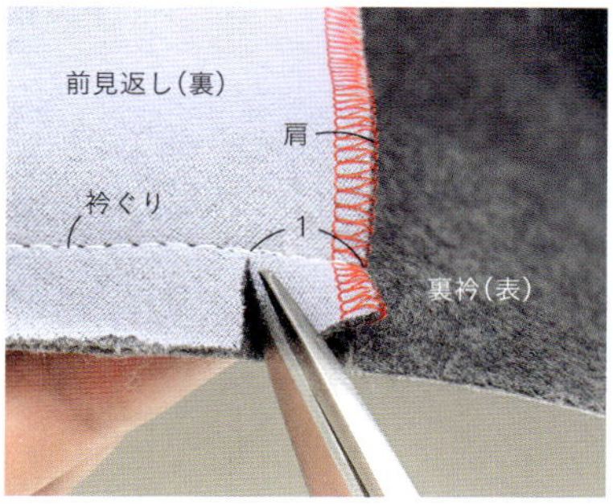

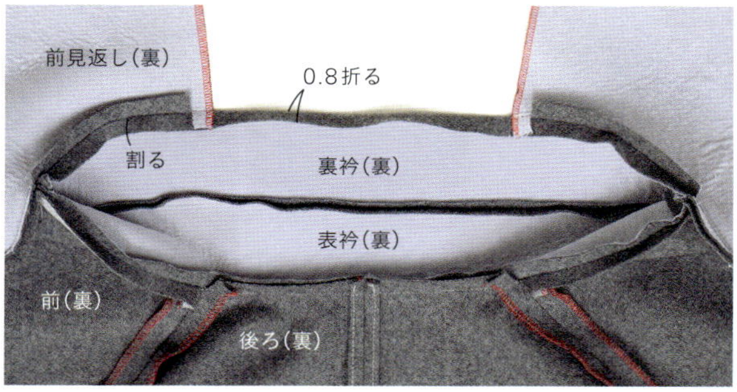

⑥　④の縫い代を衿つけ止りから切込みまで割る。切込みから先は裏衿側に倒し、裏衿の後ろ側の縫い代はアイロンで0.8cm裏面に折る。

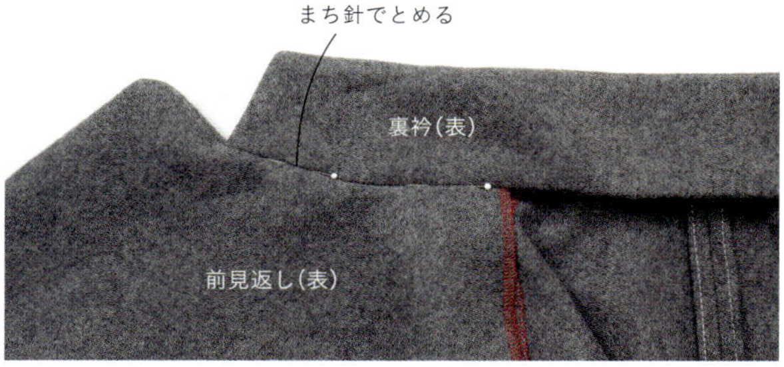

⑦　表衿と裏衿を外表に整え、表衿と裏衿の衿つけ縫い目を合わせて、縫い目にそってまち針でとめる。

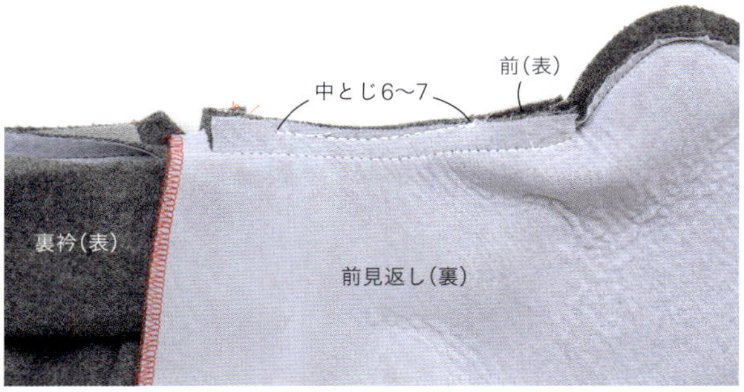

⑧　そのまま前見返しをめくり、前見返しと前身頃の衿つけ縫い代を粗い針目で6〜7cm縫って中とじする。

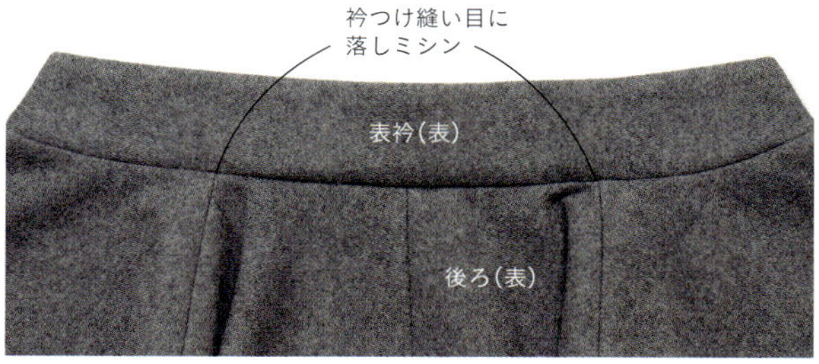

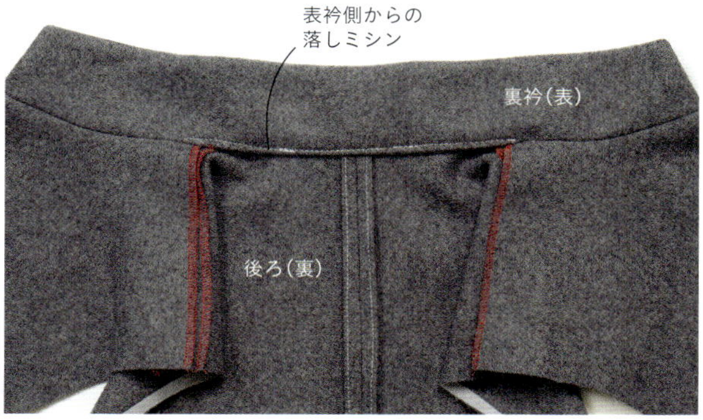

⑨　表に返して衿を再度整える。表衿側から後ろの衿つけ縫い目に落しミシンをかけて、裏衿の下側を縫いとめる。

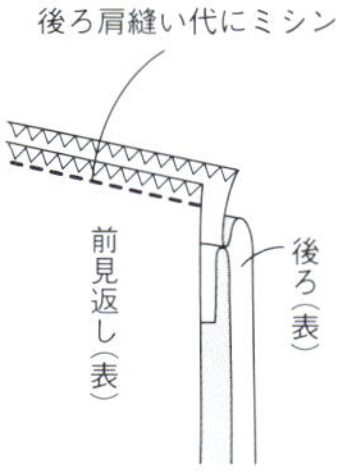

⑩　前見返しの肩縫い代を後ろ身頃の肩縫い代だけにミシンで縫いとめる。このとき衿ぐり側は縫えるところまででよい。

9. 前身頃と脇身頃を縫う

① 前身頃と脇身頃を中表に合わせ、裾の三つ折りを開いて切替え線を縫う。

② ①の縫い代を「3 - ②〜⑤」と同じ要領で始末する。

10. 裾の始末をする

裾の三つ折りをもう一度整え、三つ折り端にステッチをかける。

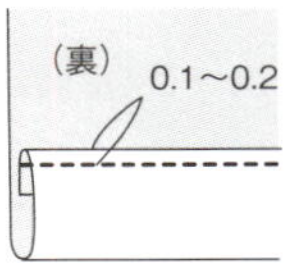

11. 袖を作る

① 外袖と内袖を中表に合わせ、袖口縫い代の三つ折りを開いて前側、後ろ側を縫う。

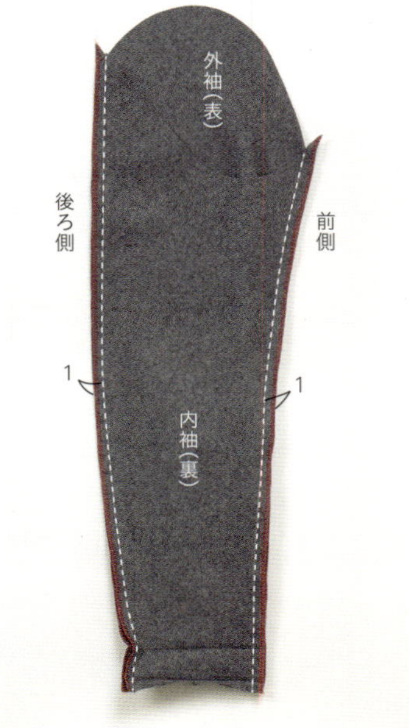

② ①の縫い代をアイロンで割る。

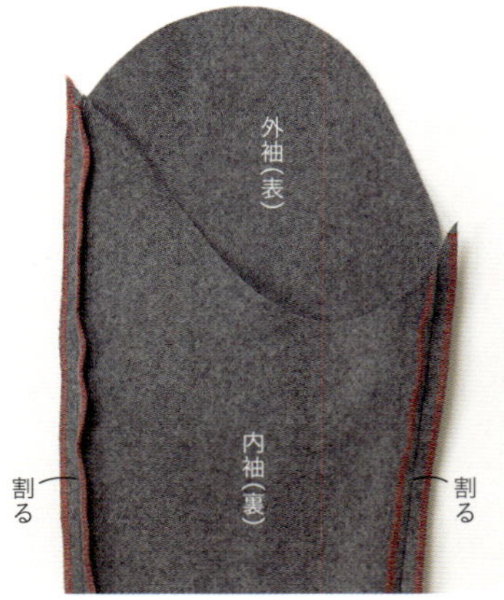

③　袖口の三つ折りを再度整え、ステッチをかける。

④　外袖の袖山の縫い代に、粗い針目(0.3cm)で2本ミシンをかける。いせ用のミシンなので縫始め、終りとも返し縫をしないで糸端を長めに残しておく。

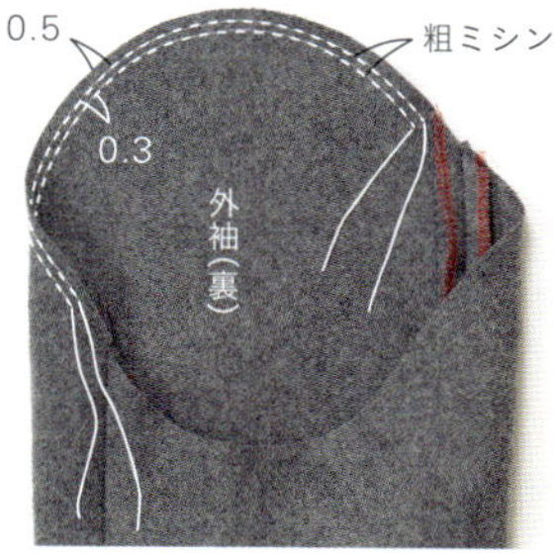

⑤　外袖裏面の粗ミシンの糸を2本一緒に引いていせる。袖山がふんわりと丸くなる程度いせる。

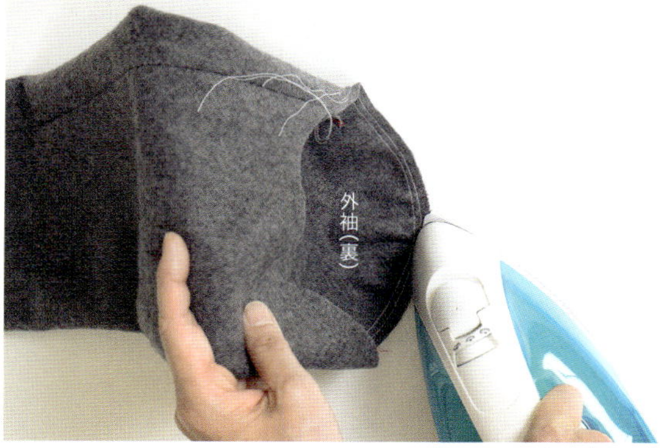

⑥　袖山の丸みを壊さないようにしながら、袖山のいせの縫い代をアイロンで押さえる。

12. 袖をつける

①　身頃の袖ぐりに袖を中表に合わせ、肩縫い目と袖山(❶)、脇と袖下(❷)、各合い印(❸～❺)の順にまち針をとめ、さらに間にまち針をとめるが、袖山はいせをバランスよく配分しながらとめる。

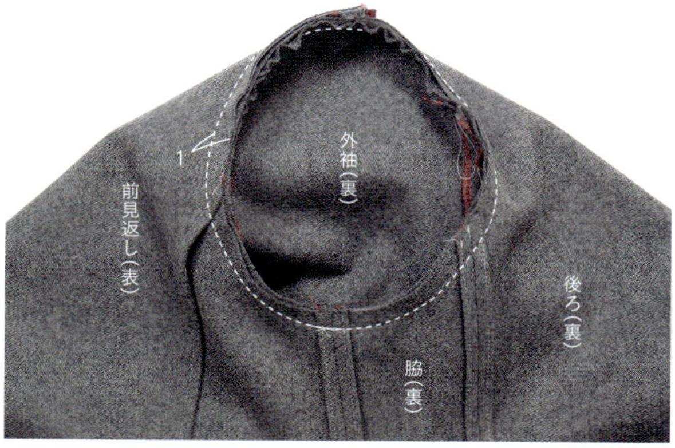

②　袖ぐりにぐるっと袖つけミシンをかける。

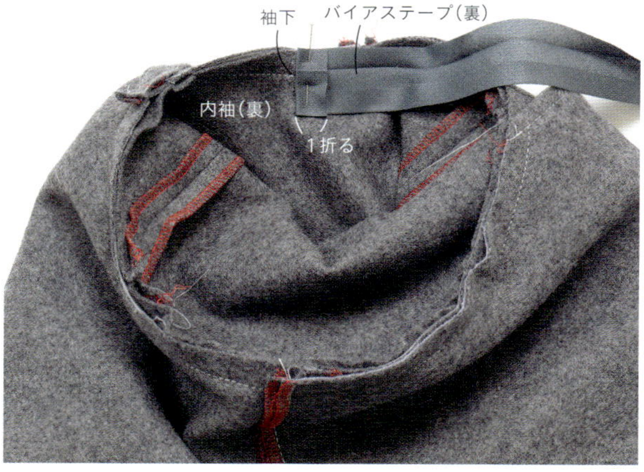

③　袖ぐり縫い代にバイアステープをつける。まずバイアステープの片側の折り目を開き、端を1cm折って袖裏面の袖下位置から写真のようにバイアステープを合わせる。

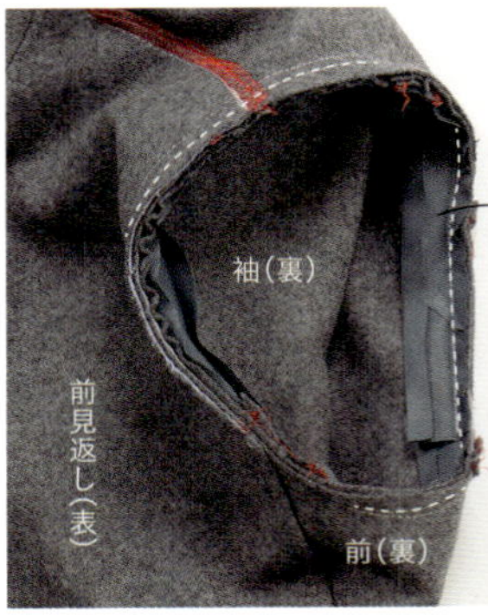

〈縫終りの
テープの重ね方〉

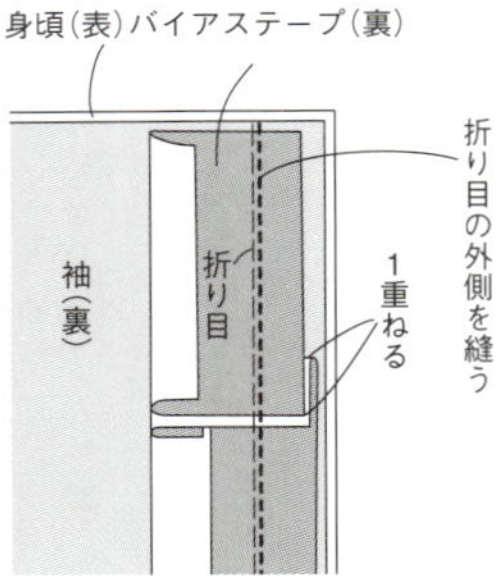

④　バイアステープの端を袖つけ縫い代の端に添わせながら、バイアステープの折り目の少し外側をぐるっと1周縫う。縫終りは始めのバイアステープに1cm重ねて縫い、余分なテープをカットする。

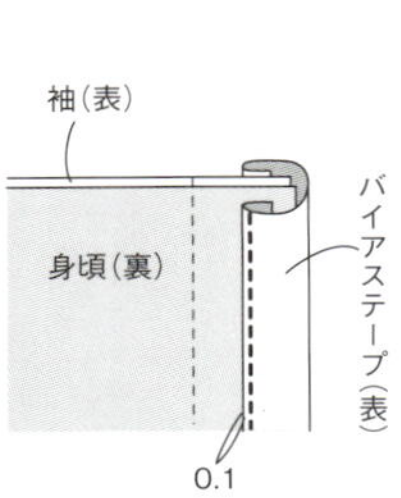

⑤　バイアステープを表に返し、袖つけ縫い代端をバイアステープでくるんでステッチをかける。

⑥　袖つけ縫い代を袖側に倒し、表に返して形を整える。

13. ボタンホールとボタンつけ

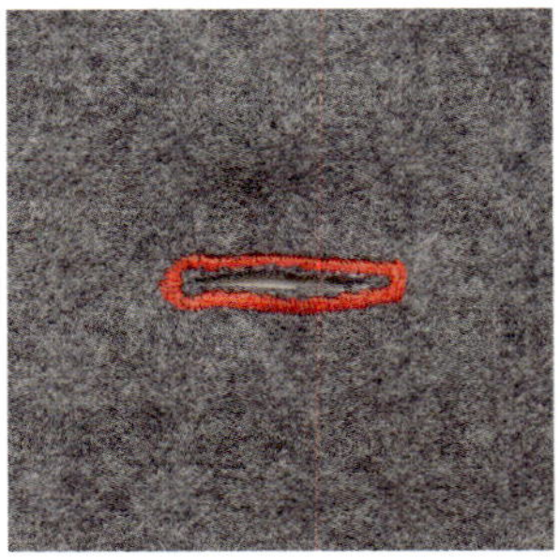

家庭用ミシンのジグザグ機能で作ったボタンホール

右前端にボタンホールを作り、左前端にボタンをつける。ボタンホールはミシンの機能を使って作るが、必ず試し縫いをしておく(上手にできない場合は手芸店などでやってもらうとよい)。
ボタンは上端には小さいボタンを、下の3つは大きいボタンをつける。出来上り。

A-1b セットインスリーブジャケット

【出来上り寸法】

S ＝バスト96cm　着丈59cm　袖丈62.5cm
M ＝バスト101cm　着丈59cm　袖丈63cm
L ＝バスト106cm　着丈61cm　袖丈63.5cm
LL＝バスト111cm　着丈61cm　袖丈64cm

【パターン(2面)】

A後ろ身頃　A脇身頃　A前身頃　A-1前見返し　A外袖
A内袖　A-1ポケット　A胸ポケット　A-1衿

【材料】

表布　ウール…148cm幅S・M1m80cm／L・LL1m90cm
薄手木綿(裏ポケット用)…55×20cm
接着芯…90cm幅80cm
接着テープ…0.8cm幅、1.2cm幅各適宜
バイアステープ(両折りタイプ・袖つけ縫い代の始末用)…
1.8cm幅1m20cm
ボタン…直径2.2cm3個、1.4cm1個

【下準備】

p.40、41を参照して接着芯、接着テープをはり、縫い代にロックミシン(またはジグザグミシン)をかけ、裾と袖口の縫い代をアイロンで折る。

【縫い方順序】

1. ダーツを縫う。→p.41
2. ポケット、胸ポケットを作ってつける。→p.41・図
3. 後ろ中心を縫う。→p.42
4. 後ろ身頃と脇身頃を縫う。→p.42
5. 前端を縫う。→p.43
6. 肩を縫う。→p.44
7. 衿を作る。→p.44
8. 衿をつける。→p.44
9. 前身頃と脇身頃を縫う。→p.46
10. 裾の始末をする。→p.46
11. 袖を作る。→p.46
12. 袖をつける。→p.47
13. ボタンホールとボタンつけ。→.p48

【裁合せ図】

表布

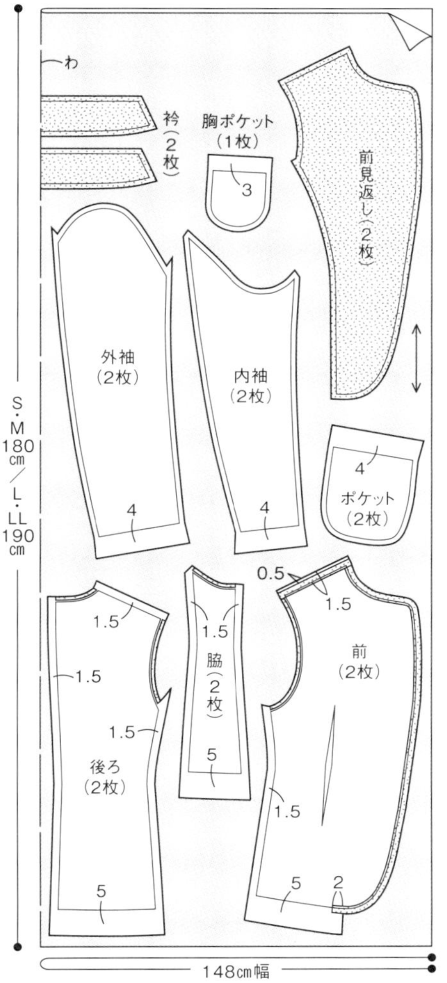

薄手木綿

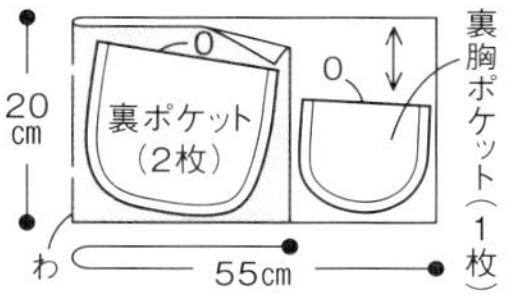

＊指定以外の縫い代は1cm
＊ 接着芯・接着テープをはる位置

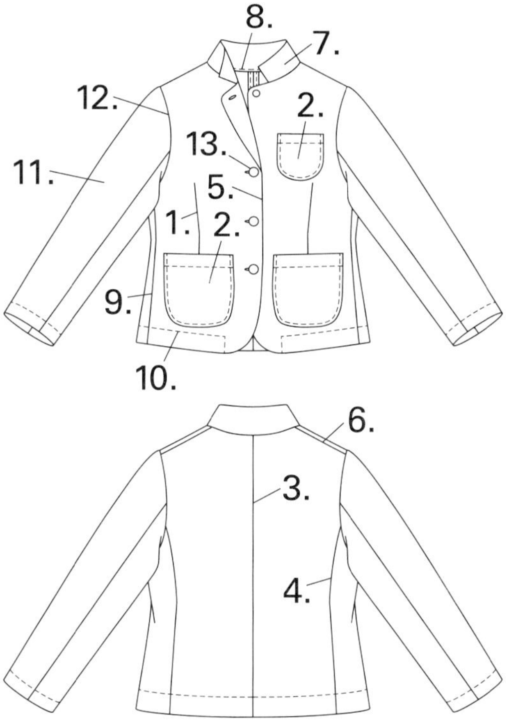

2. ポケット、胸ポケットを作ってつける

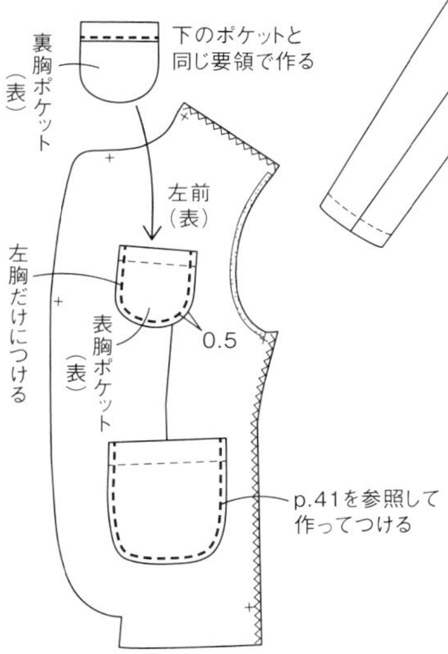

p.10　A-2 セットインスリーブジャケット

【出来上り寸法】
S　=バスト96cm　着丈59cm　袖丈62.5cm
M　=バスト101cm　着丈59cm　袖丈63cm
L　=バスト106cm　着丈61cm　袖丈63.5cm
LL =バスト111cm　着丈61cm　袖丈64cm

【パターン(2面)】
A後ろ身頃　A脇身頃　A前身頃　A-2前見返し　A外袖
A内袖　A-2ポケット・表フラップ　A-2表衿　A-2裏衿

【材料】
表布　リネンギンガム…110cm幅S・M2m50cm／L・LL 2m60cm
接着芯…90cm幅80cm
接着テープ…0.8cm幅、1.2cm幅各適宜
バイアステープ(両折りタイプ・袖つけ縫い代の始末用)…1.8cm幅1m20cm
ボタン…直径2.2cm3個、1.4cm1個

【下準備】
p.40、41を参照して接着芯、接着テープをはり、縫い代にロックミシン(またはジグザグミシン)をかけ、裾と袖口の縫い代をアイロンで折る。

【縫い方順序】
1. ダーツを縫う。→p.41
2. ポケットを作ってつける。→図
3. 後ろ中心を縫う。→p.42
4. 後ろ身頃と脇を縫う。→p.42
5. 前端を縫う。→p.43
6. 肩を縫う。→p.44
7. 衿を作る。→図
8. 衿をつける。→p.44
9. 前身頃と脇身頃を縫う。→p.46
10. 裾の始末をする。→p.46
11. 衿外回り、前端にステッチをかける。→図
12. 袖を作る。→p.46
13. 袖をつける。→p.47
14. ボタンホールとボタンつけ。→p.48

【裁合せ図】

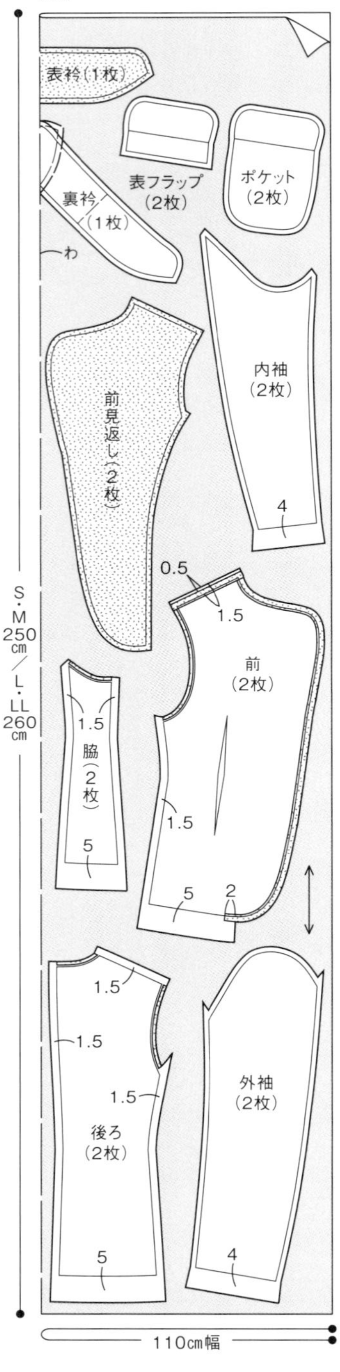

＊指定以外の縫い代は1cm
＊▒接着芯・接着テープをはる位置

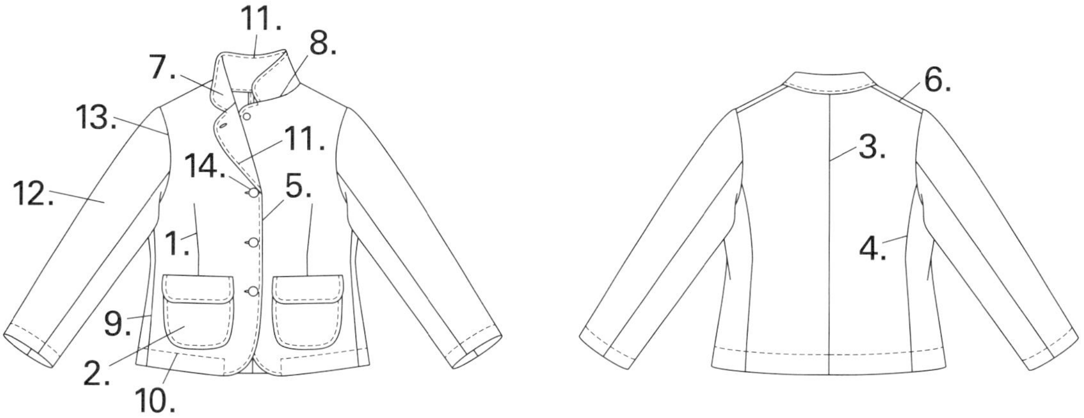

2. ポケットを作ってつける

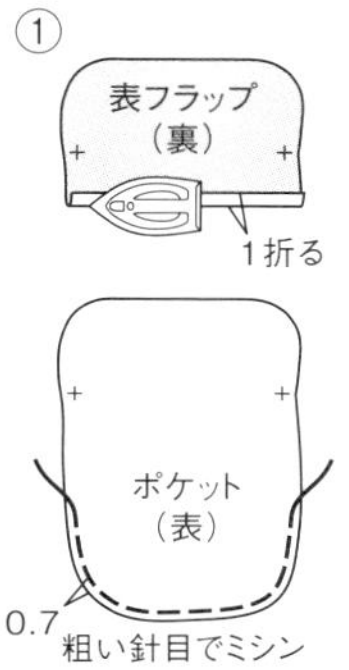

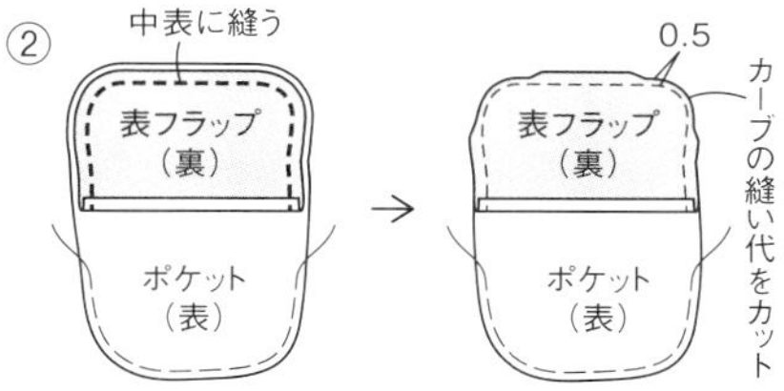

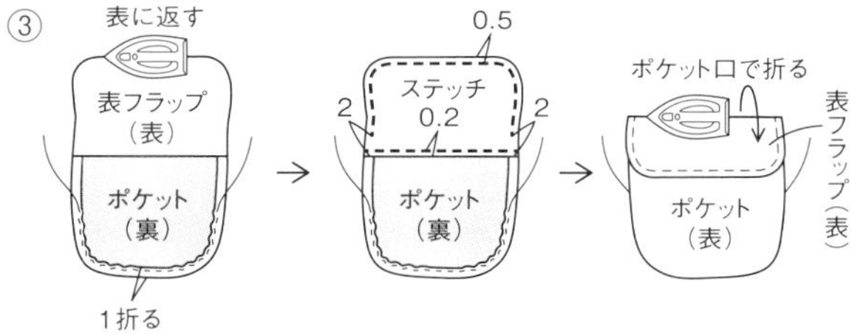

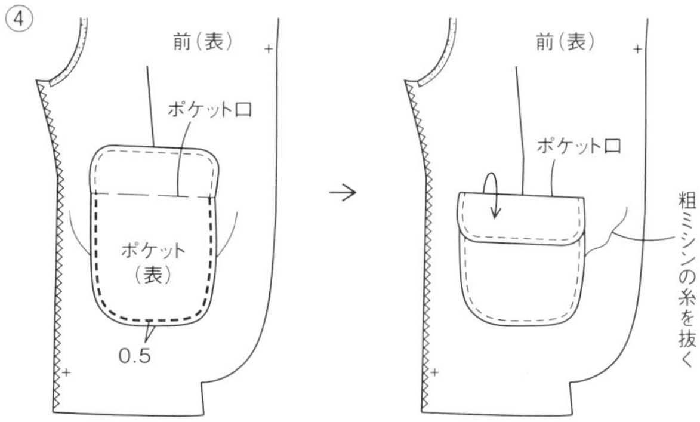

7. 衿を作る

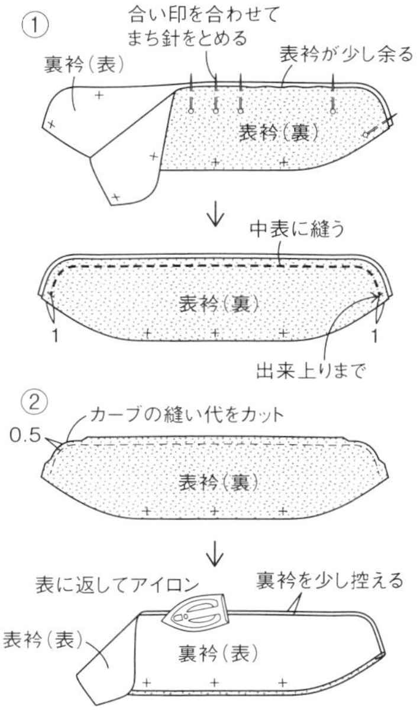

11. 衿外回り、前端にステッチをかける

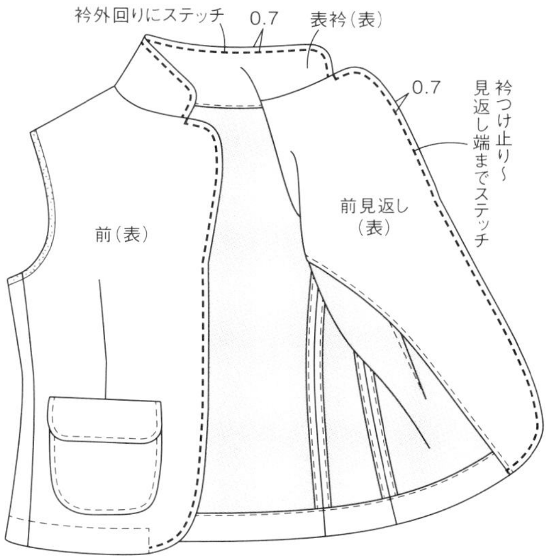

p.11　# A-3 セットインスリーブジャケット

【出来上り寸法】
S　=バスト96cm　着丈67.5cm　袖丈62.5cm
M　=バスト101cm　着丈67.5cm　袖丈63cm
L　=バスト106cm　着丈69.5cm　袖丈63.5cm
LL=バスト111cm　着丈69.5cm　袖丈64cm

【パターン(2面)】
A後ろ身頃　A脇身頃　A前身頃　A-3前見返し　A外袖
A内袖　A-3ポケット　A-3衿

【材料】
表布　綿麻ポプリン…142cm幅2m20cm
薄手木綿(裏ポケット用)…45×20cm
接着芯…90cm幅90cm
接着テープ…0.8cm幅、1.2cm幅各適宜
バイアステープ(両折りタイプ・袖つけ縫い代の始末用)…
1.8cm幅1m20cm
ボタン…直径2cm4個

【下準備】
p.40、41を参照して接着芯、接着テープをはり、縫い代にロックミシン(またはジグザグミシン)をかけ、裾と袖口の縫い代をアイロンで折る。

【縫い方順序】
1. ダーツを縫う。→p.41
2. ポケットを作ってつける。→p.41
3. 後ろ中心を縫う。→p.42
4. 後ろ身頃と脇身頃を縫う。→p.42
5. 前端を縫う。→p.43
6. 肩を縫う。→p.44
7. 衿を作る。→p.44
8. 衿をつける。→p.44
9. 前身頃と脇身頃を縫う。→p.46
10. 裾の始末をする。→p.46
11. 衿外回り、前端にステッチをかける。→図
12. 袖を作る。→p.46
13. 袖をつける。→p.47
14. ボタンホールとボタンつけ。→p.48

【裁合せ図】

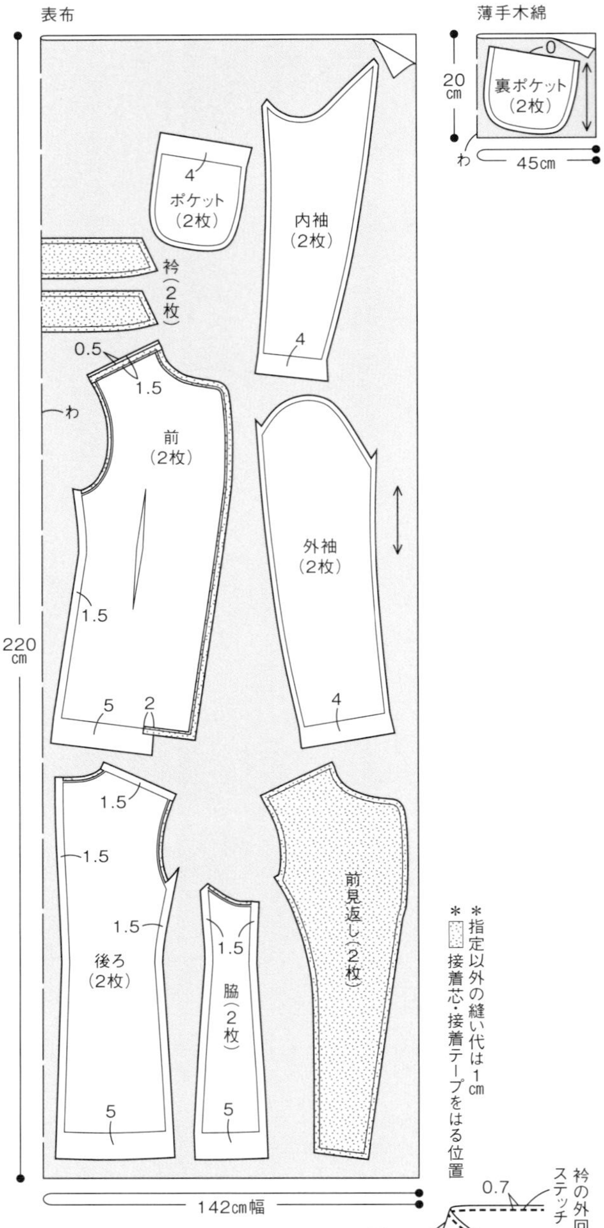

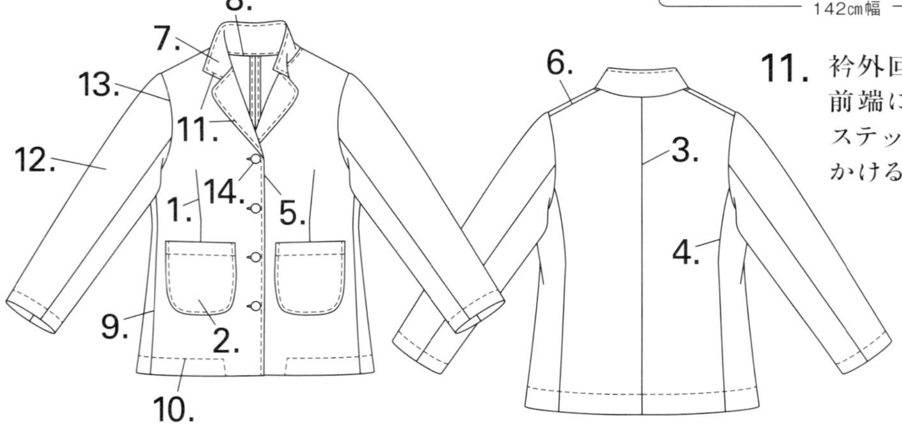

11. 衿外回り、前端にステッチをかける

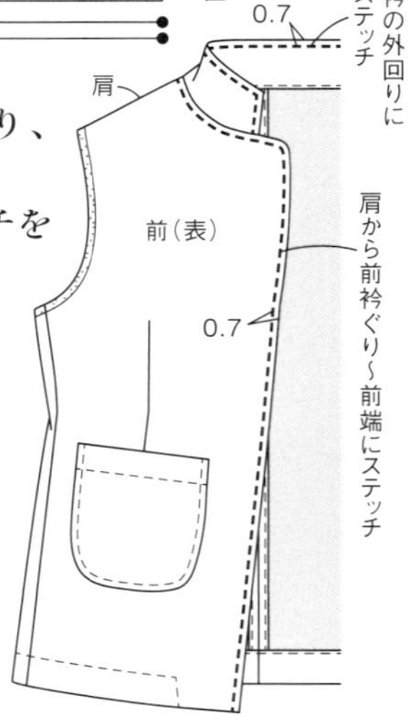

p.26

A-4 セットインスリーブジャケット

【出来上り寸法】
S ＝バスト96cm　着丈59cm　袖丈62.5cm
M ＝バスト101cm　着丈59cm　袖丈63cm
L ＝バスト106cm　着丈61cm　袖丈63.5cm
LL＝バスト111cm　着丈61cm　袖丈64cm

【パターン（2面）】
A後ろ身頃　A脇身頃　A前身頃　A-4前見返し　A外袖
A内袖　A-4ポケット　A-4表衿　A-4裏衿　A背裏
A裏前脇身頃　A裏外袖　A裏内袖

【裁合せ図】

表布

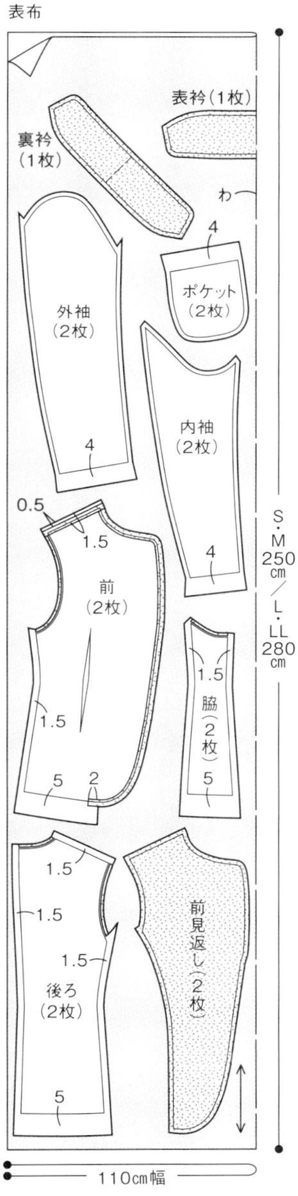

裏布

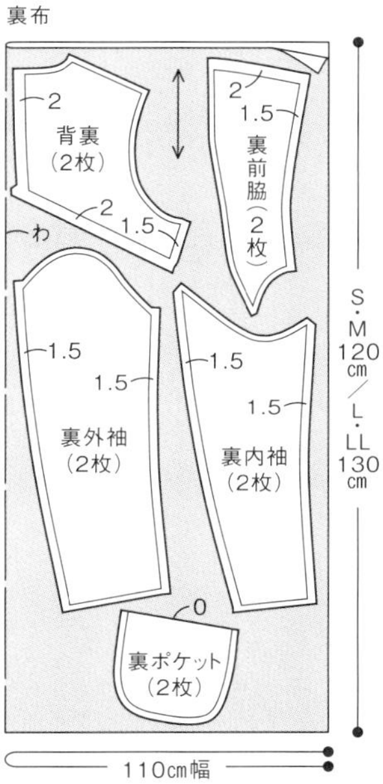

＊指定以外の縫い代は1cm
＊▒接着芯・接着テープをはる位置

【材料】
表布　コットンツイード…110cm幅S・M2m50cm／L・LL2m80cm
裏布　薄手木綿…110cm幅S・M1m20cm／L・LL1m30cm
接着芯…90cm幅90cm
接着テープ1.2cm幅適宜
ボタン…直径2.2cm3個

【下準備】
1. 前見返し、表衿、裏衿の裏面に接着芯をはる。
2. 後ろ身頃の衿ぐりと袖ぐり、前身頃の衿ぐり～前端と肩と袖ぐり、脇身頃の袖ぐりの各縫い代の裏面に接着テープをはる。
3. 後ろ身頃の後ろ中心と脇側、脇身頃の両サイド、前見返しの脇側の縫い代にロックミシン（またはジグザグミシン）をかける。
4. 後ろ身頃と脇身頃の裾の縫い代を三つ折りにする。→p.41

【縫い方順序】
1. ダーツを縫う。→p.41
2. ポケットを作ってつける。→p.41
3. 後ろ身頃と脇身頃を縫う。→p.42
4. 前身頃と脇身頃を縫う。→p.46　このとき前身頃の縫い代は始末しないで、脇身頃の縫い代だけを折ってステッチをかける。
5. 前見返しと裏布を縫い合わせる。→図
6. 前端を縫う。→図
7. 後ろ中心を縫う。→図
8. 肩を縫う。前身頃と後ろ身頃の肩を中表に合わせて縫い、縫い代を割る。次に前見返しと背裏の肩を中表に合わせて縫い、縫い代は背裏側に倒す。
9. 衿を作る。→p.51
10. 衿をつける。p.44-8と同じ要領で衿をつけるが、④の裏衿つけは前見返し～背裏と中表に合わせて縫い、表衿つけ、裏衿つけとも縫い代を割り、前衿ぐり～後ろ衿ぐりの縫い代を中とじする。
11. 袖を作る。→図
12. 袖をつける。→図
13. 裏前脇を縫う。→図
14. 裾の始末をする。→図
15. 衿外回り、前端にステッチをかける。→p.51
16. ボタンホールとボタンつけ。→p.48　ただしボタンは前端の3個だけをつける。

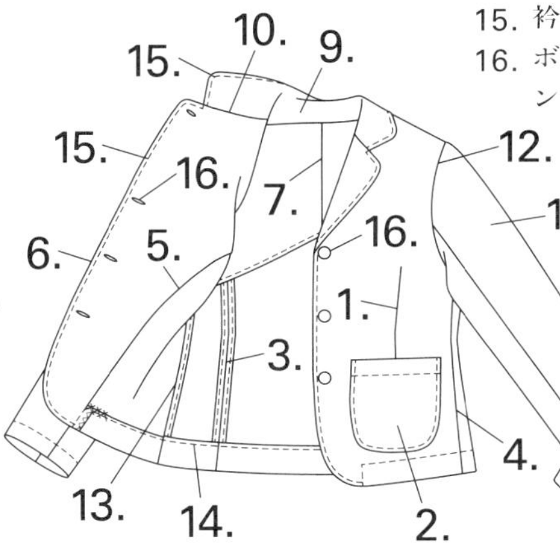

5. 前見返しと裏布を縫い合わせる

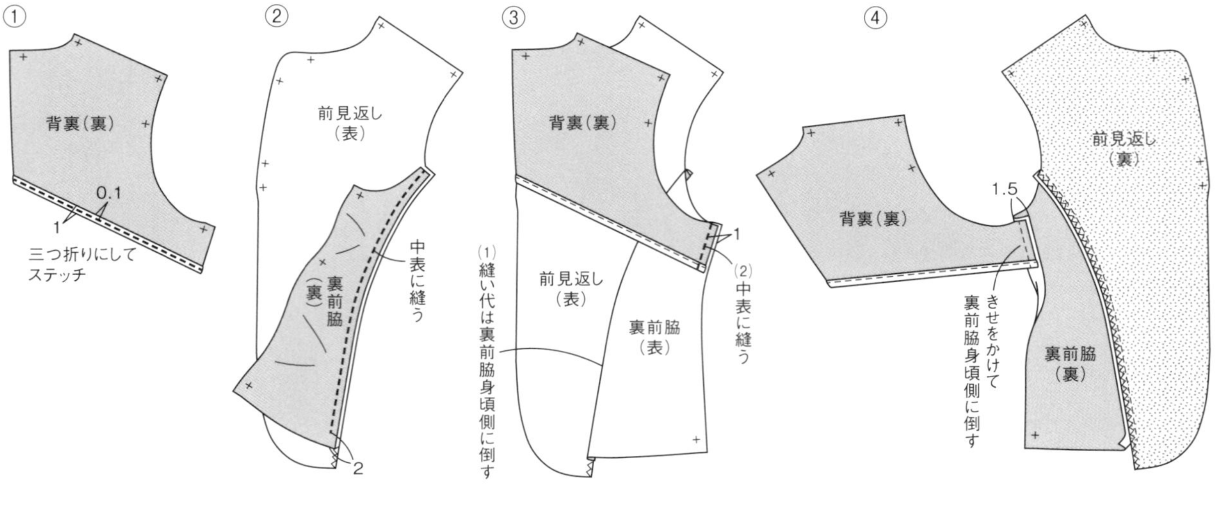

6. 前端を縫う

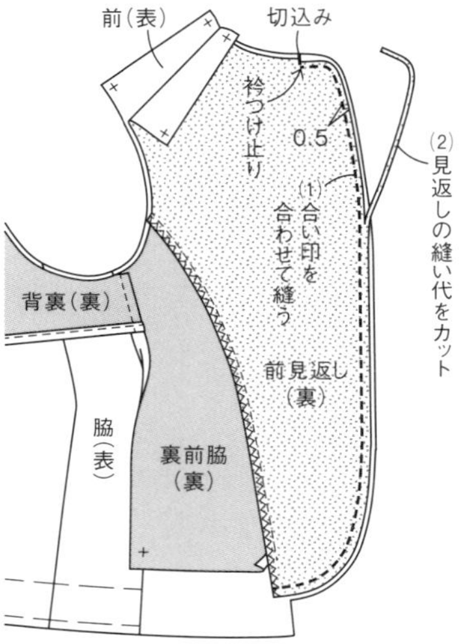

7. 後ろ中心を縫う

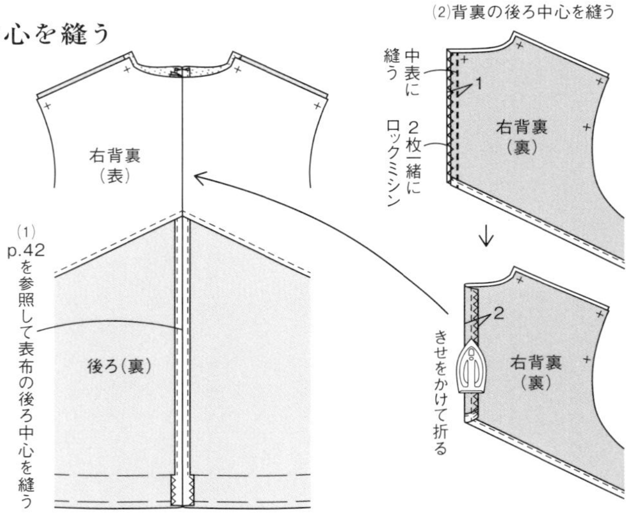

11. 袖を作る

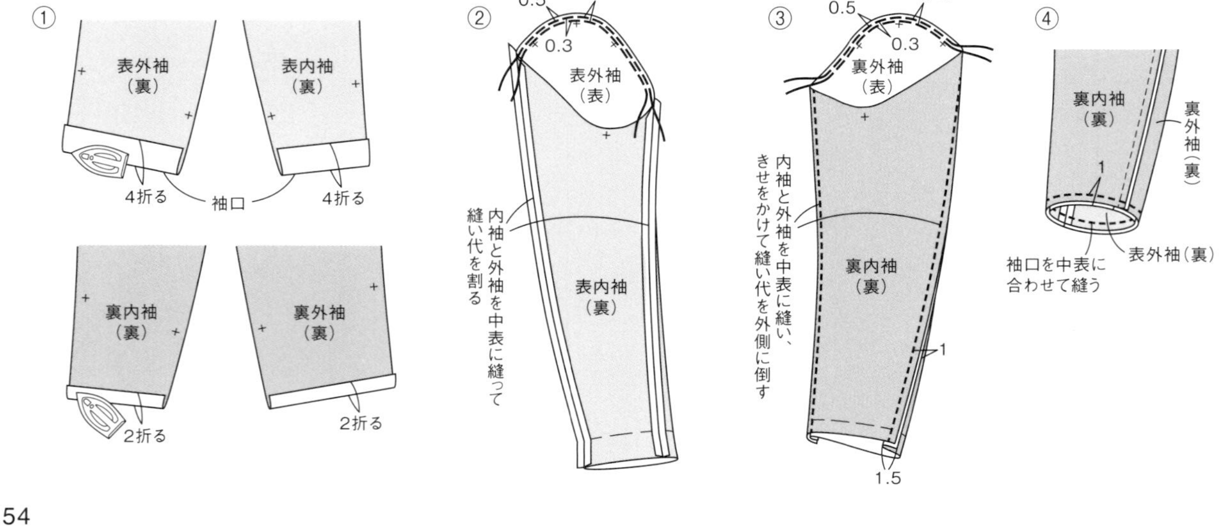

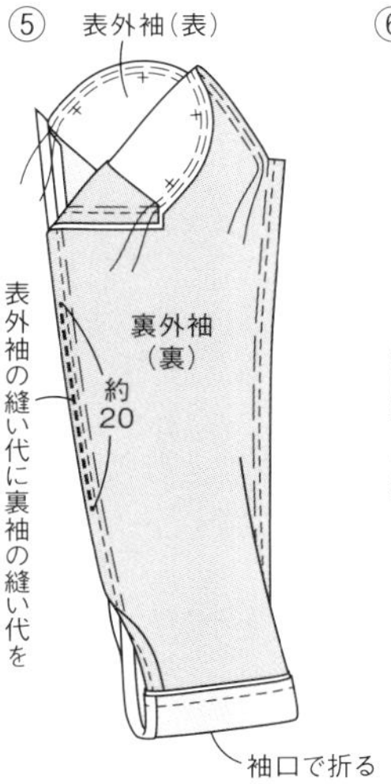

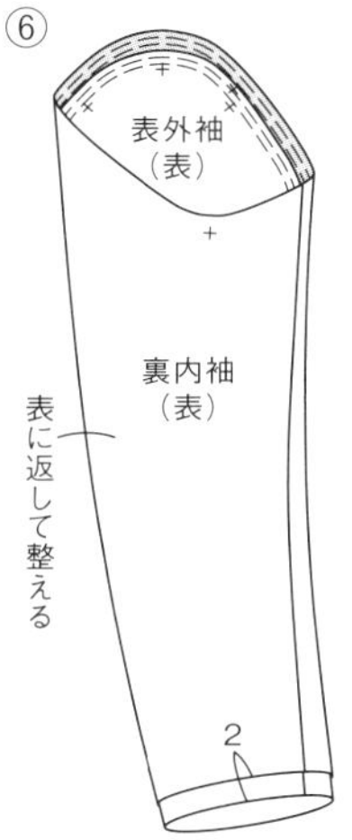

【きせのかけ方】

きせとは、縫い代を片倒しにするときに、縫い目が表から見えないように縫い目で折らないで、0.5㎝くらい深く余分に折ったときの、その余分のことをいいます。

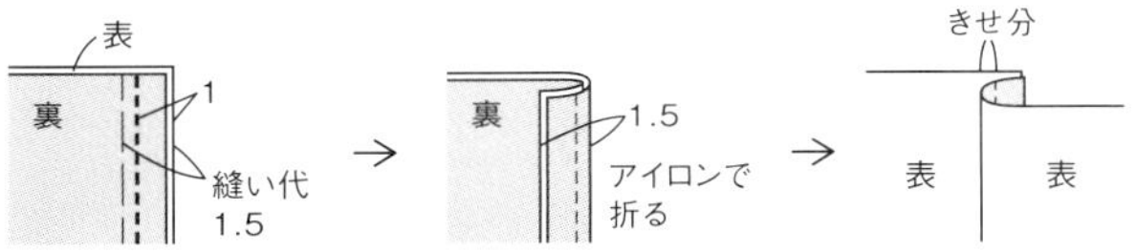

12. 袖をつける

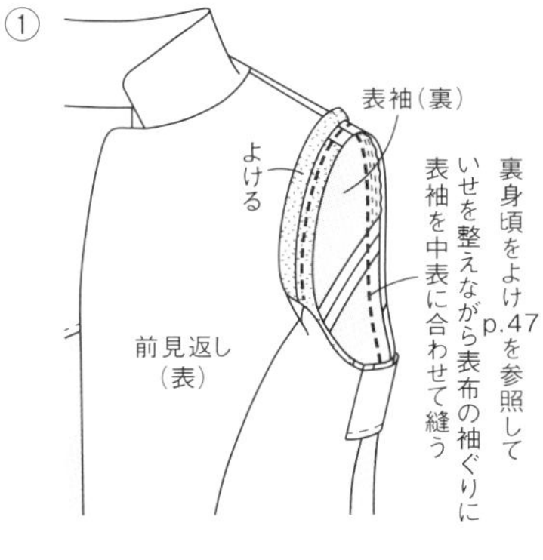

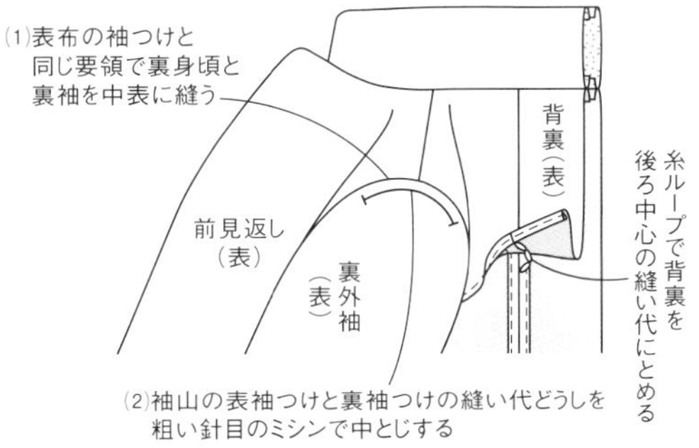

13. 裏前脇を縫う

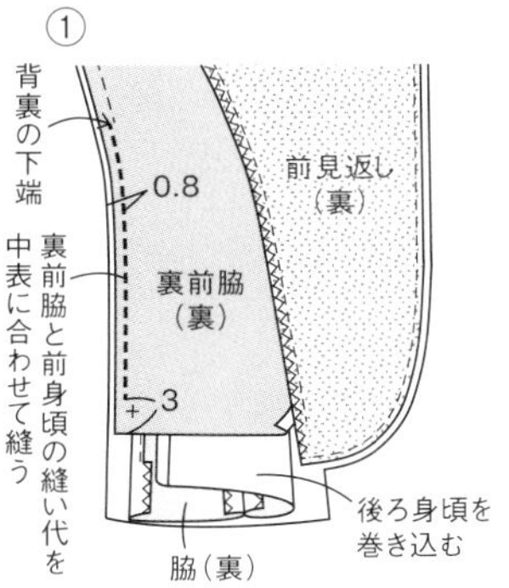

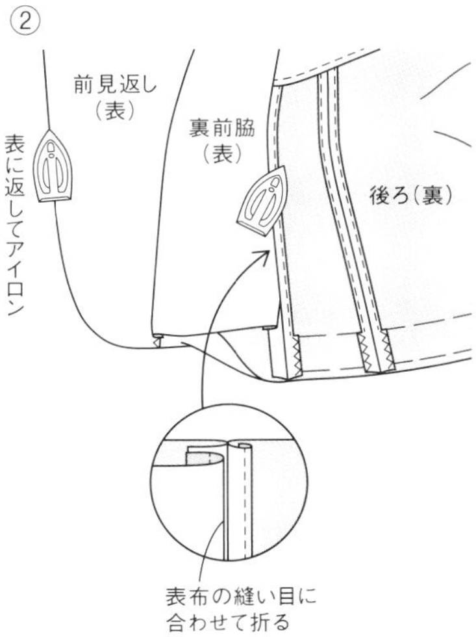

14. 裾の始末をする

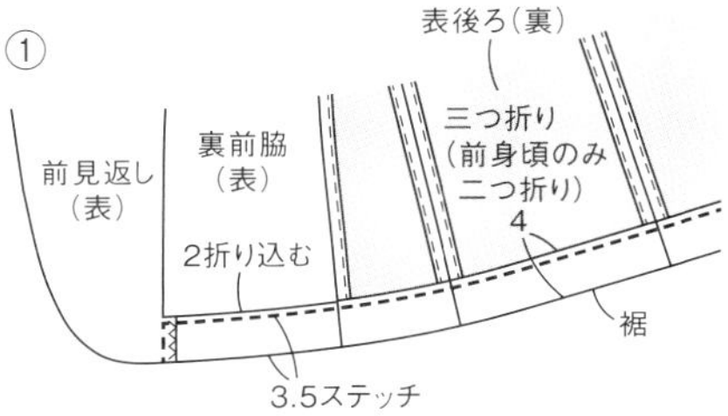

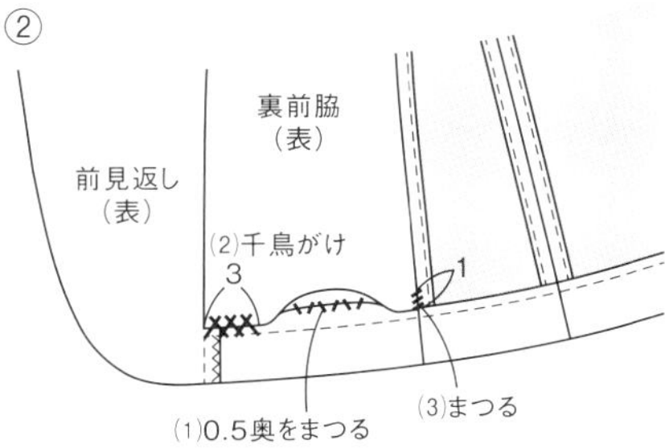

p.6, 16 # B-1 マニッシュセットインスリーブジャケット

【出来上り寸法】
S ＝バスト97cm　着丈53.5cm　袖丈57cm
M ＝バスト102cm　着丈53.5cm　袖丈57.3cm
L ＝バスト107cm　着丈55.5cm　袖丈58.8cm
LL＝バスト112cm　着丈55.5cm　袖丈59.1cm

【パターン(4面)】
B後ろ身頃　B前身頃　B袖　B-1前見返し　B表衿
B裏衿　B胸ポケット　Bタブ

【材料】
表布　ラミーウールキャンバス…108cm幅2m
接着芯…90cm幅60cm
接着テープ…1.2cm幅40cm
ボタン…直径2cm5個

【下準備】
1. 前見返し、表衿、裏衿の裏面に接着芯を、前身頃の肩縫い代の裏面に接着テープをはる。
2. 肩、脇、袖下の縫い代にロックミシン(またはジグザグミシン)をかける。

【縫い方順序】
1. 胸ポケットを作ってつける。→図
2. 前端に見返しをつける。→図
3. 肩を縫う。前身頃と後ろ身頃の肩を中表に合わせて縫い、縫い代を割る。
4. 衿を作る。→図
5. 衿をつける。→図
6. タブを作って仮どめする。→図
7. 脇を縫う。→図
8. 裾の始末をする。→図
9. 袖を作る。→図
10. 袖をつける。→図
11. ボタンホールとボタンつけ。→図

【裁合せ図】
表布

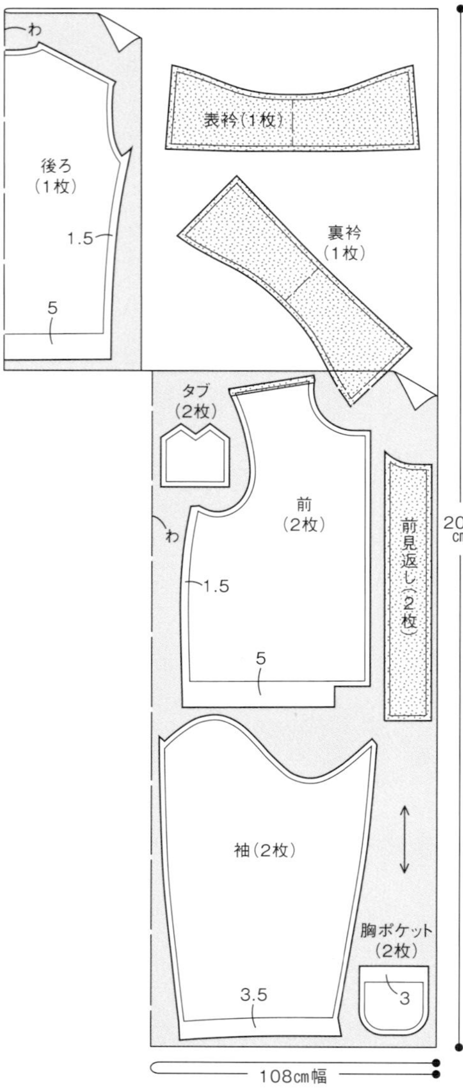

*指定以外の縫い代は1cm
*　接着芯・接着テープをはる位置

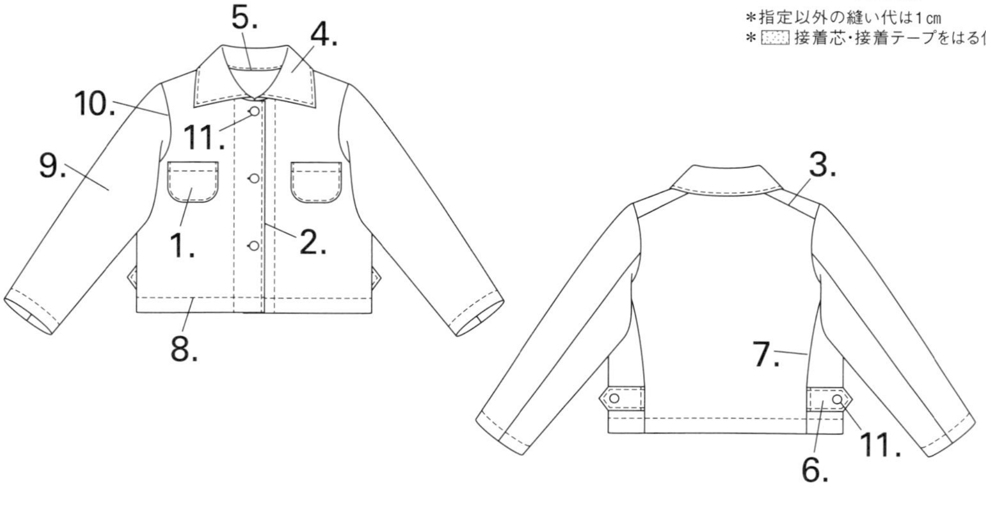

1. 胸ポケットを作ってつける

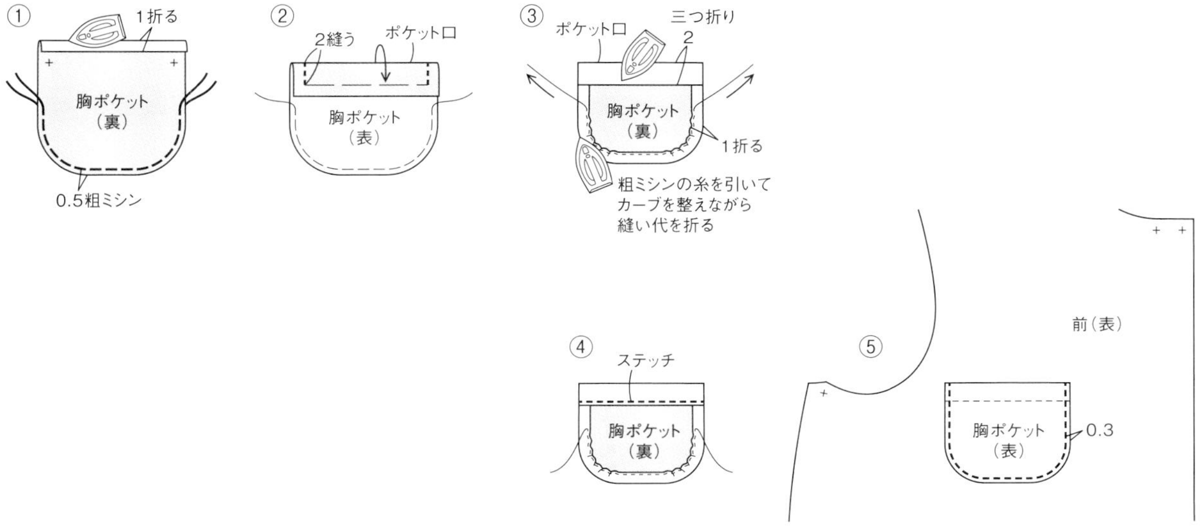

2. 前端に見返しをつける

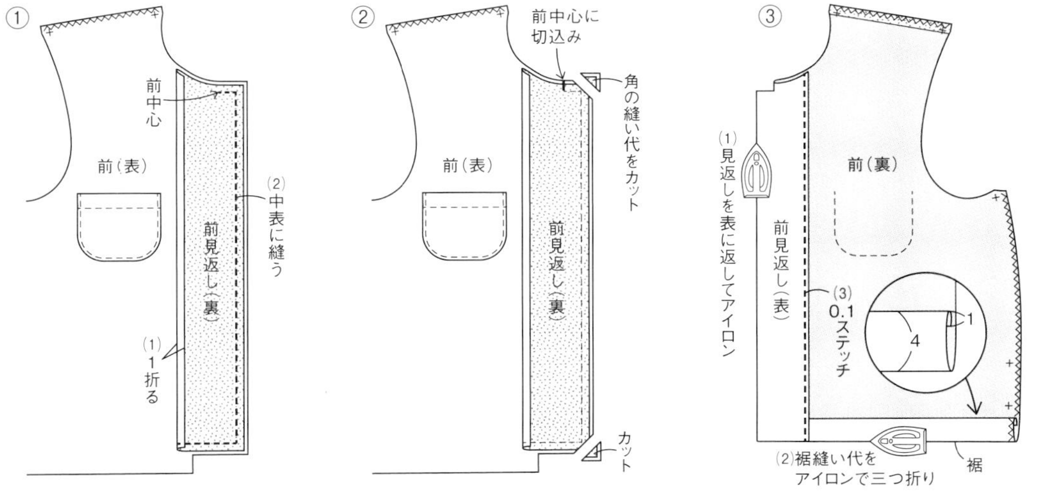

4. 衿を作る

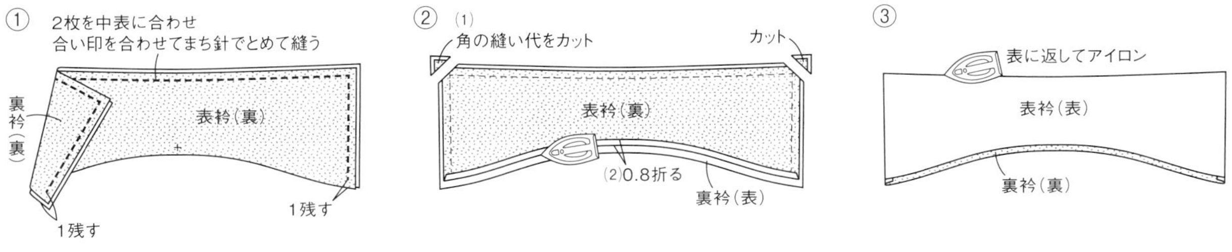

5. 衿をつける

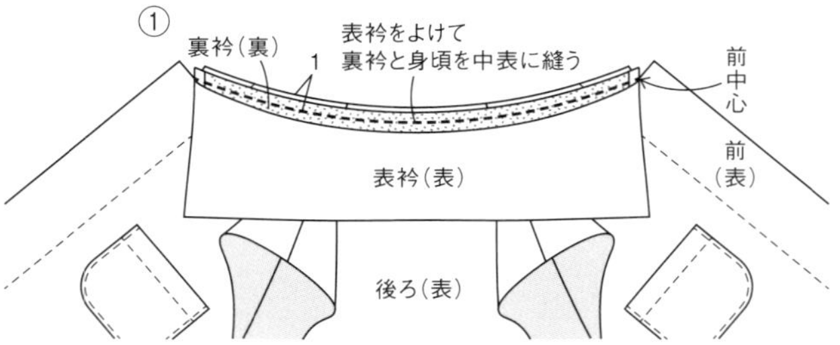

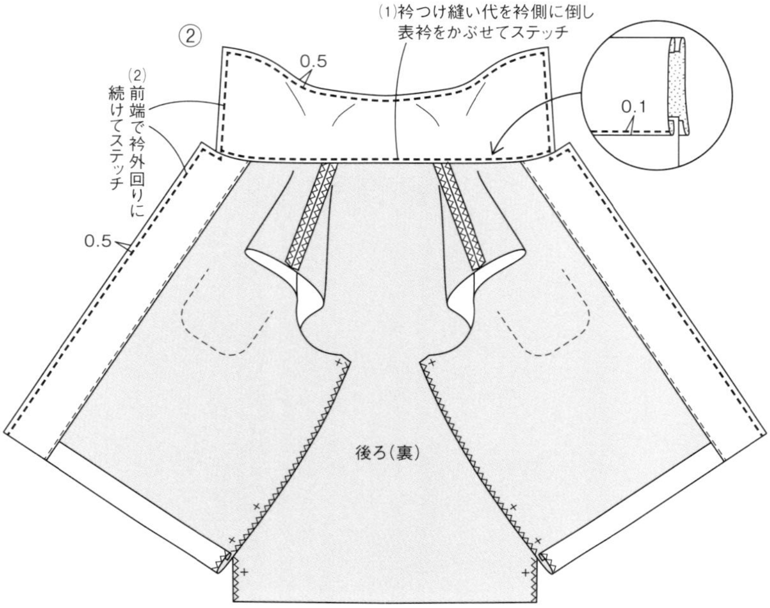

6. タブを作って仮どめする

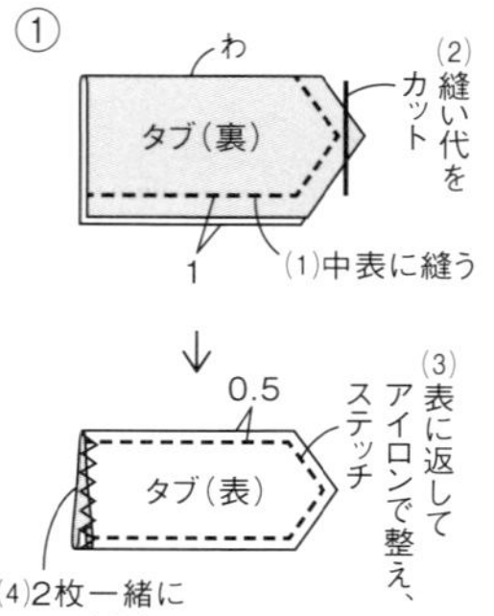

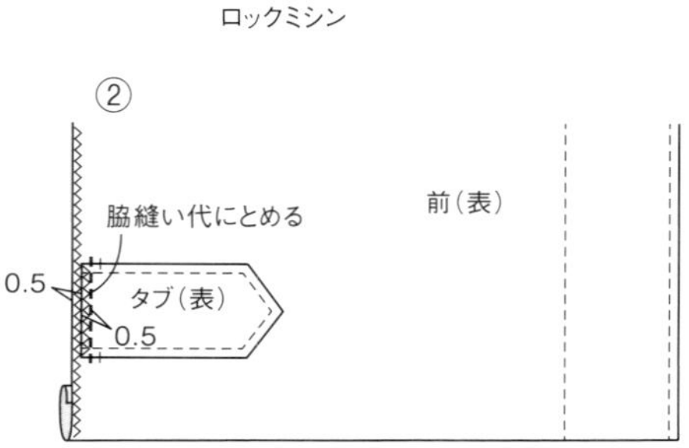

7. 脇を縫う

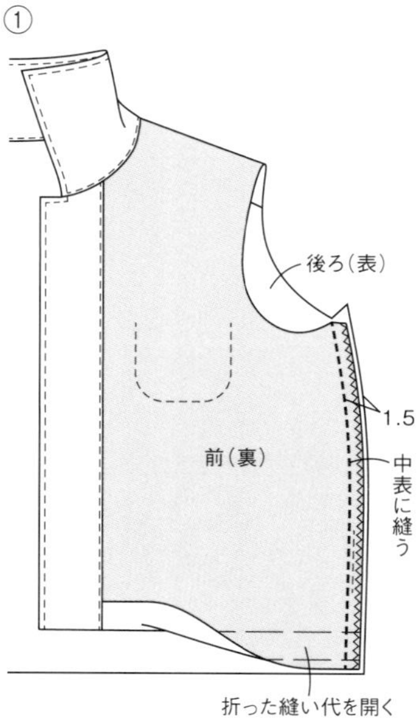

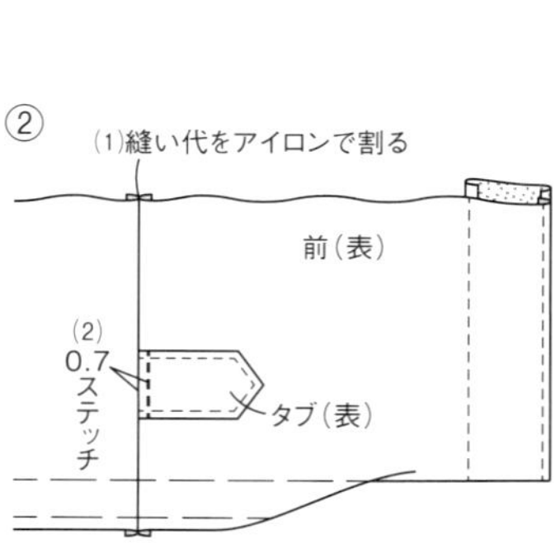

8. 裾の始末をする

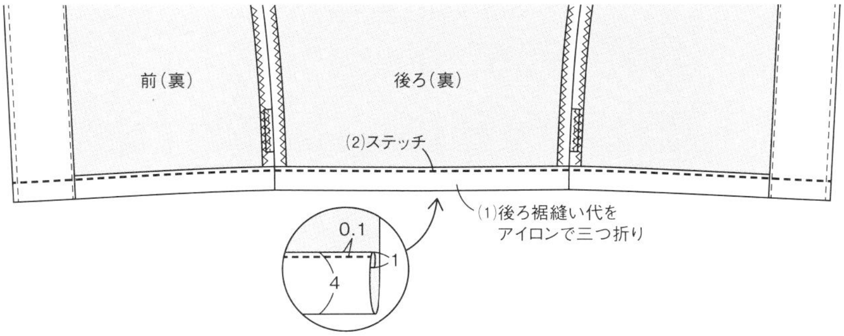

9. 袖を作る

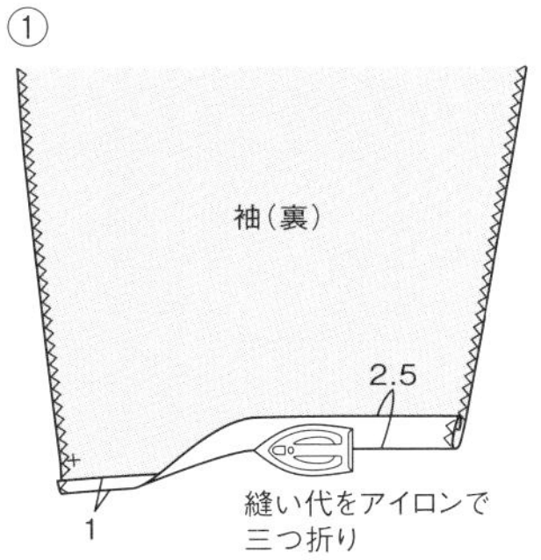

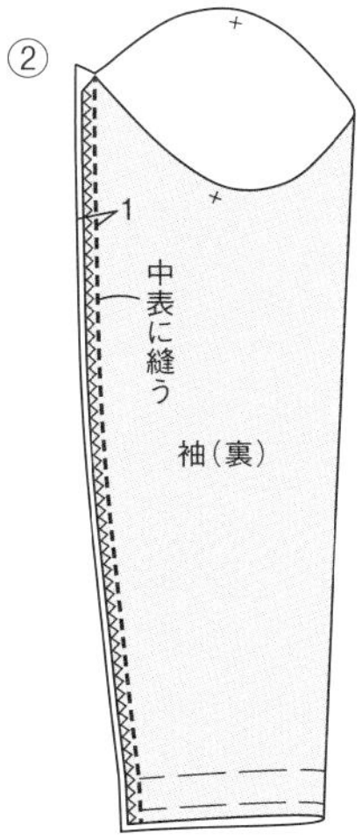

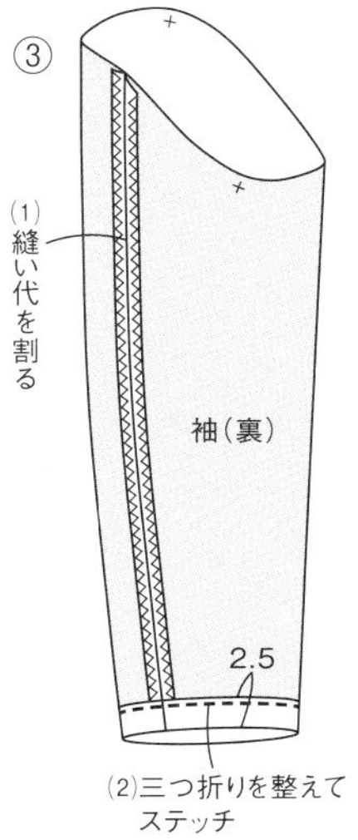

10. 袖をつける

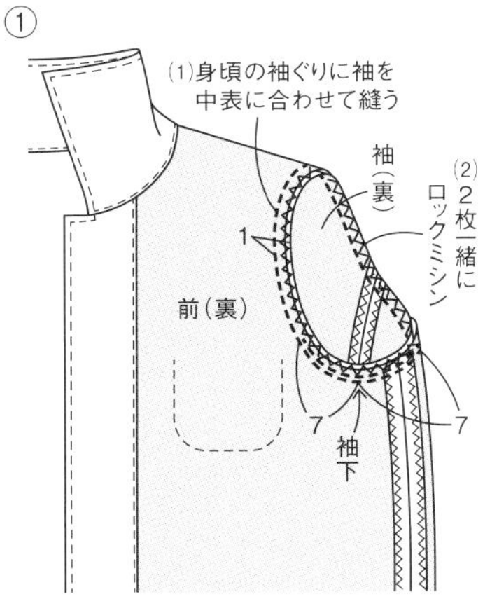

＊袖下から前後7cmは2度ミシン

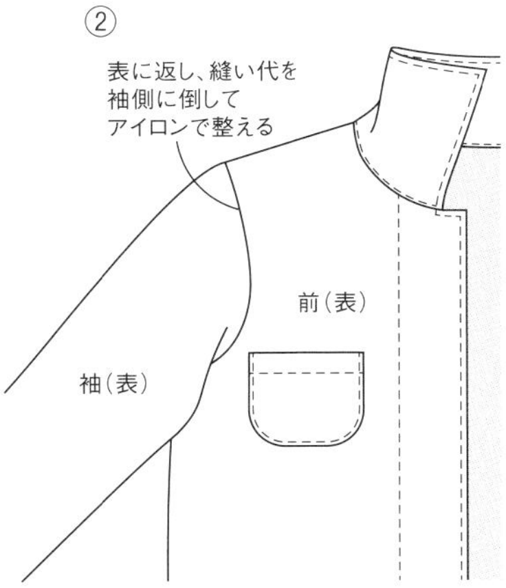

11. ボタンホールとボタンつけ

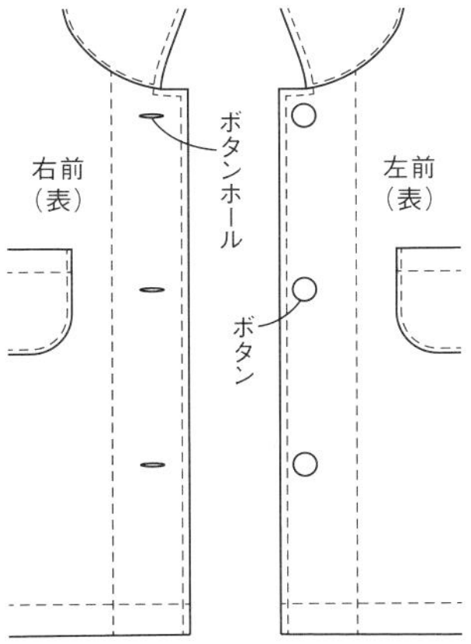

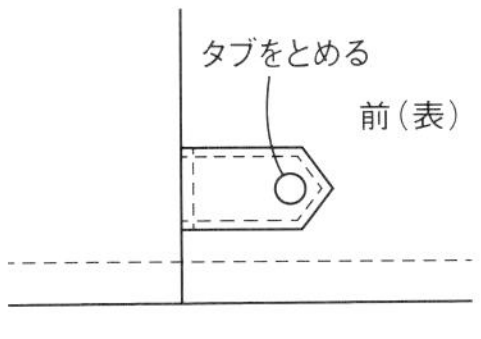

p.18 **B-2** マニッシュセットインスリーブジャケット

【出来上り寸法】
S　＝バスト102.5cm　着丈53.5cm　袖丈57cm
M　＝バスト107.5cm　着丈53.5cm　袖丈57.3cm
L　＝バスト112.5cm　着丈55.5cm　袖丈58.8cm
LL＝バスト117.5cm　着丈55.5cm　袖丈59.1cm

【パターン(4面)】
B後ろ身頃　B前身頃　B袖　B-2ポケット

【材料】
表布　コーデュロイ…110cm幅1m60cm
裏布　コットンプリント…150cm幅S・M1m20cm／L・LL1m30cm
細畝コーデュロイバイアステープ(四つ折りタイプ)…1.5cm幅2m60cm
ドットボタン(両面タイプ)…直径1.4cm2組み

【作り方のポイント】
コーデュロイは毛並みのある布です。毛並みの方向によって色の見え方が変わってきますので、布を裁つときはパターンを一方方向に置きます。ここでは逆毛（裾から上に向かって毛並みが流れる方向)の方向で裁断します。

【縫い方順序】
1. ポケットを作ってつける。→図
2. 表布、裏布とも肩を縫う。→図
3. 表布、裏布とも脇を縫う。→図
4. 表布、裏布とも袖下を縫う。→図
5. 袖をつける。表布、裏布ともそれぞれ身頃の袖ぐりに袖を中表に合わせて縫う。→p.59　ただし袖つけ縫い代の始末はしない。
6. 裾を縫う。→図
7. 前端〜衿ぐりの縁とりをする。→図
8. 袖口の縁とりをする。→図
9. ドットボタンをつける。→図

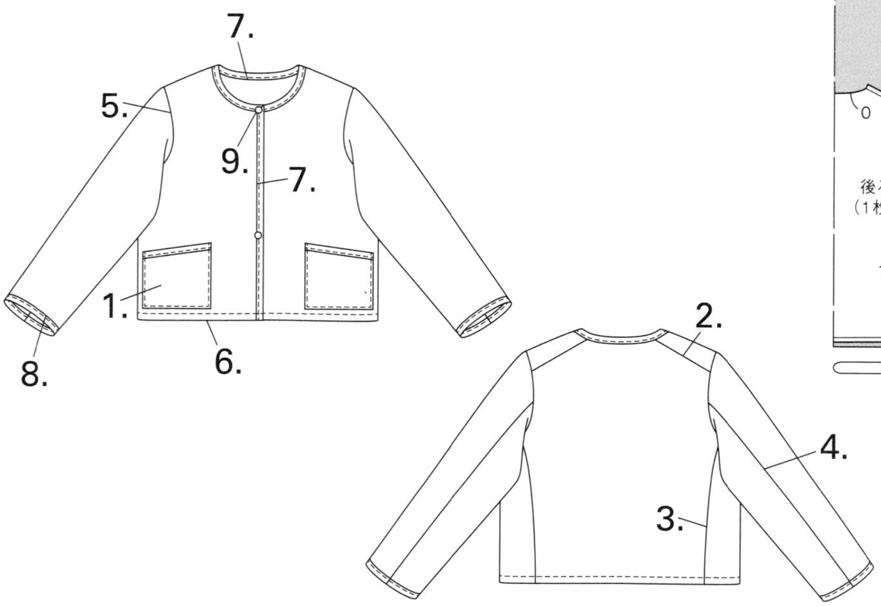

【裁合せ図】

表布

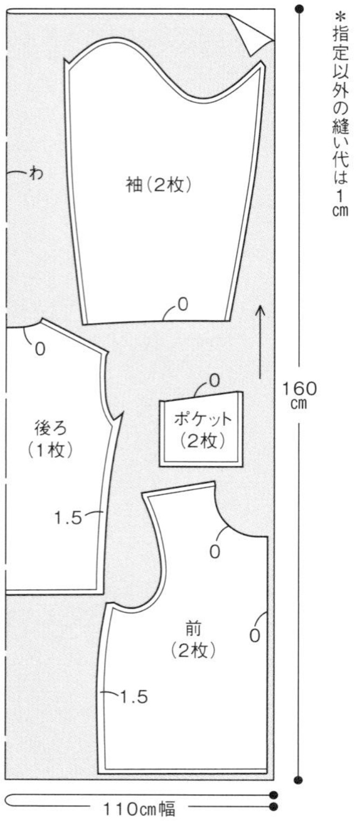

裏布

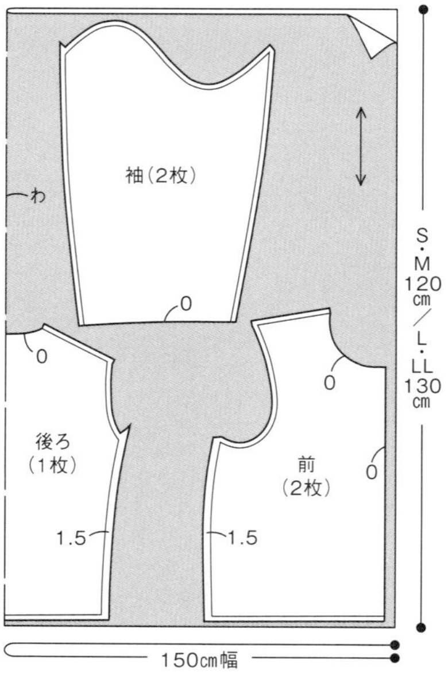

1. ポケットを作ってつける

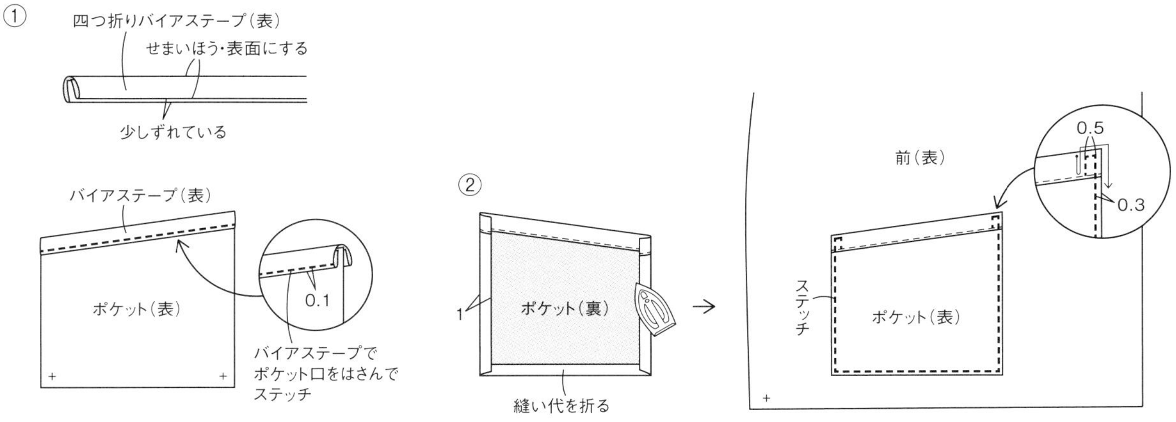

2. 表布、裏布とも肩を縫う
3. 表布、裏布とも脇を縫う

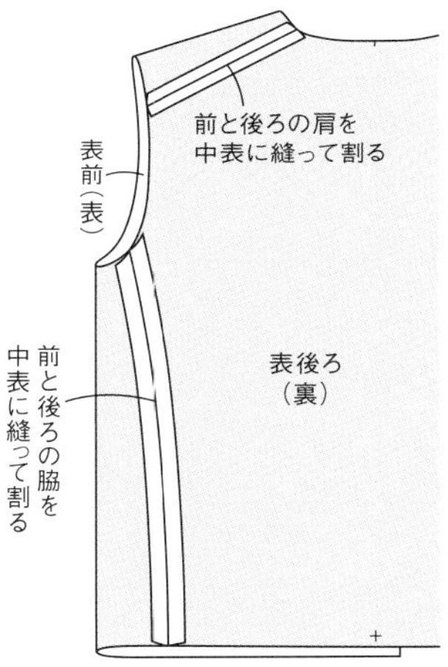

＊裏身頃も同様に縫う

4. 表布、裏布とも袖下を縫う

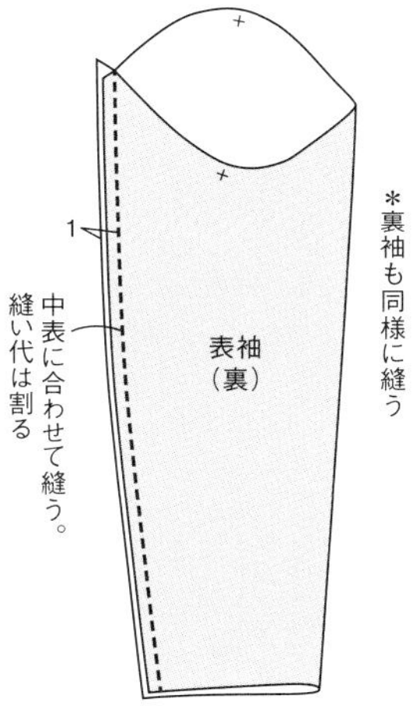

6. 裾を縫う

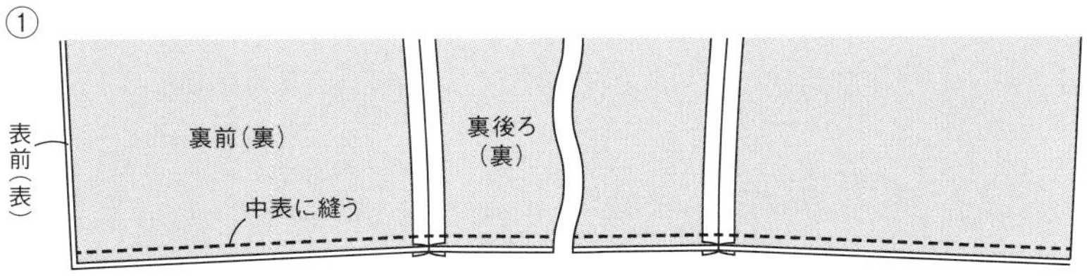

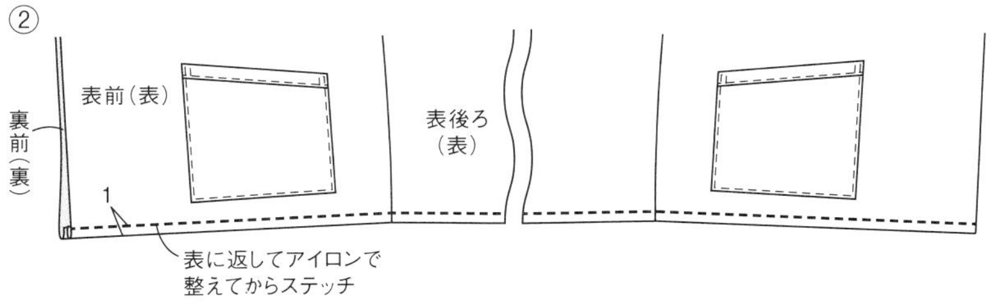

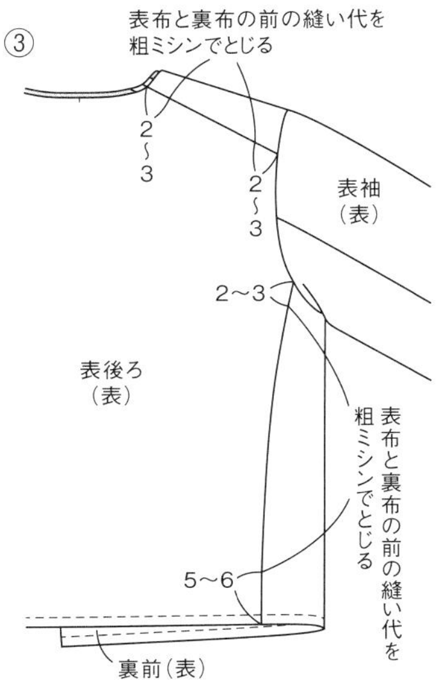

7. 前端～衿ぐりの縁とりをする

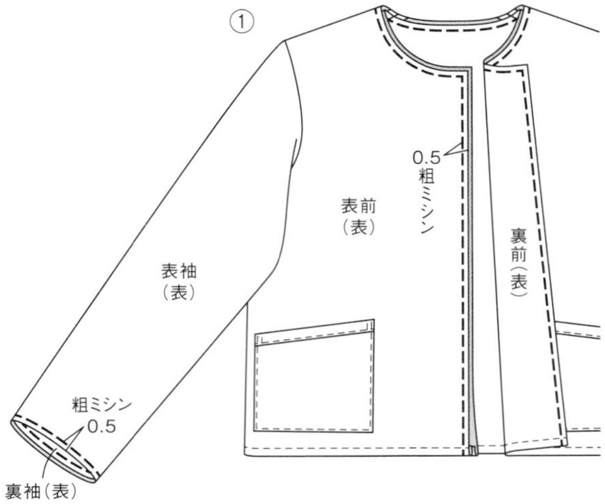

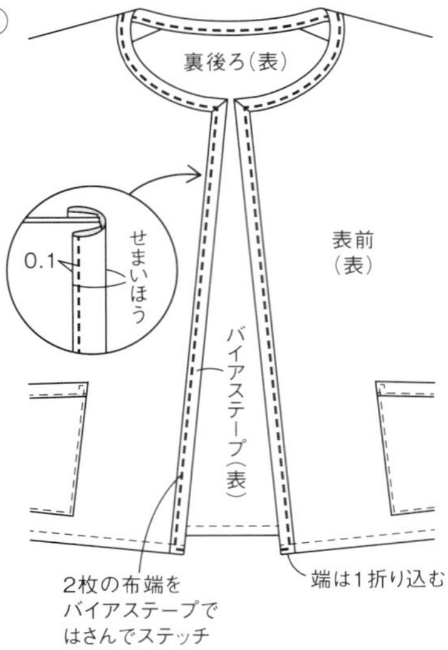

〈角の縁とりのしかた〉

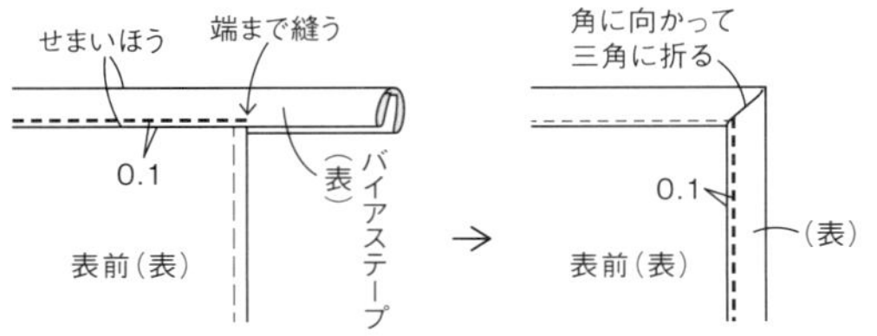

8. 袖口の縁とりをする

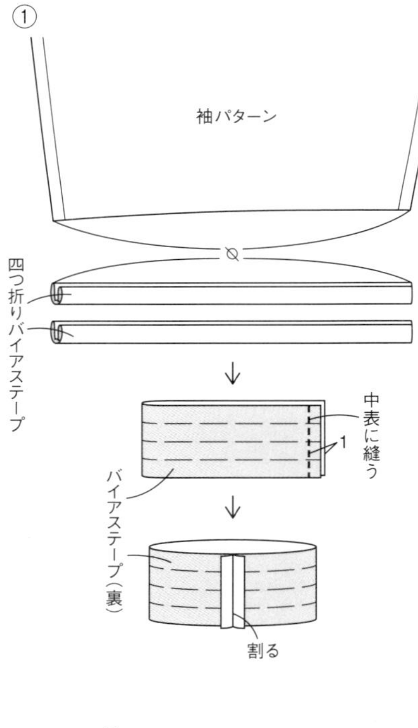

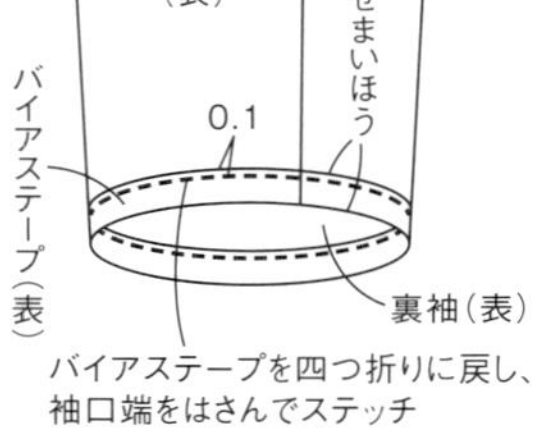

9. ドットボタンをつける

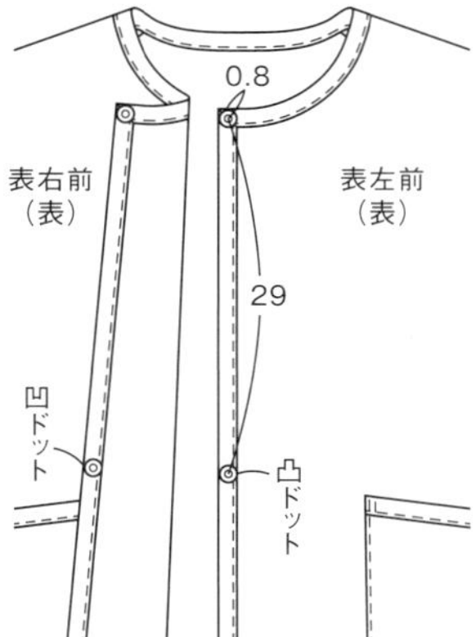

p.34

B-3 マニッシュセットインスリーブジャケット

【出来上り寸法】
S　＝バスト97cm　着丈67.5cm　袖丈57cm
M　＝バスト102cm　着丈67.5cm　袖丈57.3cm
L　＝バスト107cm　着丈69.5cm　袖丈58.8cm
LL＝バスト112cm　着丈69.5cm　袖丈59.1cm

【パターン（4面）】
B後ろ身頃　B前身頃　B袖　B-3前見返し　B後ろ見返し　Bフード　B-3ポケット　Bチンウォーマー

【材料】
表布　ウールヘリングボーン…140cm幅2m10cm
裏布　平織り木綿…50×80cm
接着芯…50×80cm
接着テープ…1.2cm幅40cm
ニットテープ…2.5cm幅3m40cm
バイアステープ（両折りタイプ・縫い代の始末用）…1.27または1.3cm幅適宜
ボタン…直径2cm5個、1.5cm3個

【裁合せ図】

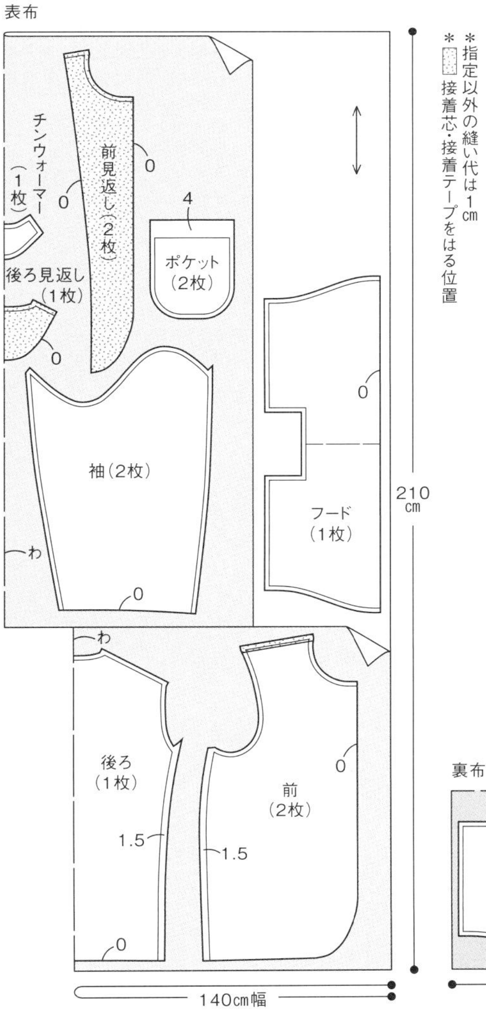

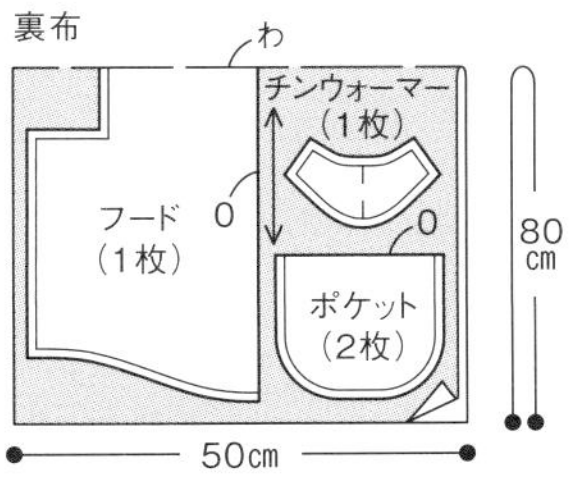

【下準備】
1. 前見返し、後ろ見返しの裏面に接着芯を、前肩縫い代の裏面に接着テープをはる。
2. 肩、袖下の縫い代にロックミシン（またはジグザグミシン）をかける。

【縫い方順序】
1. ポケットを作ってつける。→p.41
2. 肩を縫う。前身頃と後ろ身頃の肩を中表に合わせて縫い、縫い代を割る。
3. 見返しを縫う。→図
4. フードを作る。→図
5. フードをつける。→図
6. 脇を縫う。縫い代は割り、バイアステープでくるんで始末をする。→コラム
7. 裾～前端～フード端に縁とりをする。→図
8. 袖を作る。→図
9. 袖をつける。→p.59　ただし袖つけ縫い代は身頃側に倒し、出来上り図に示した位置にステッチをかける。
10. チンウォーマーを作る。→図
11. ボタンホールとボタンつけ。→図

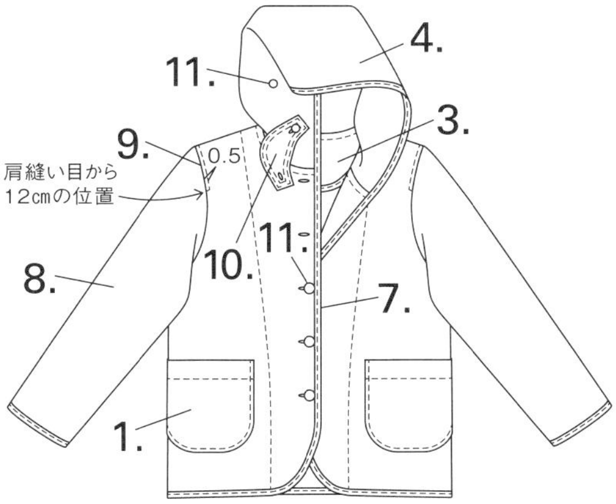

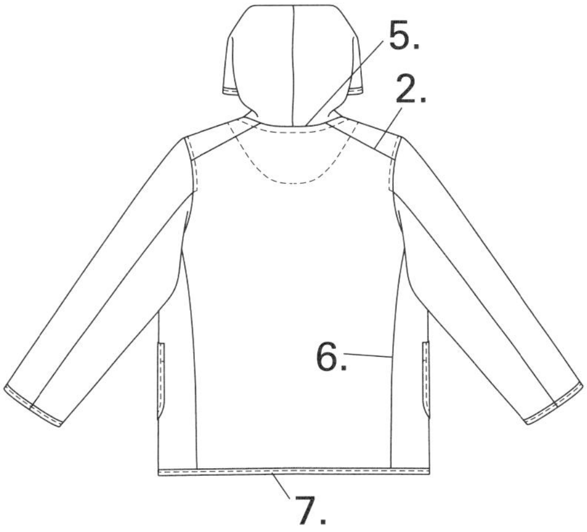

3. 見返しを縫う

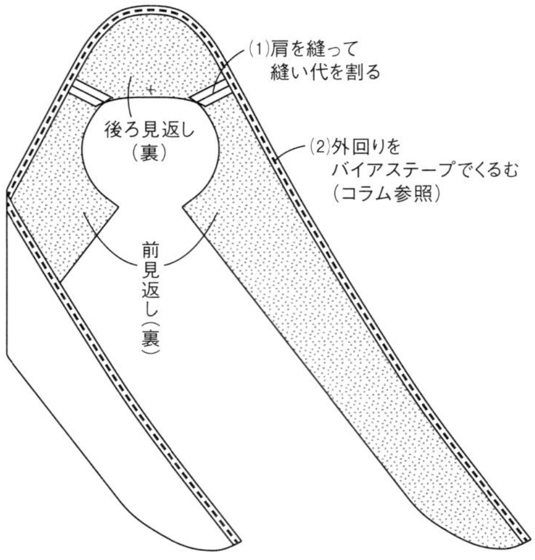

4. フードを作る

①

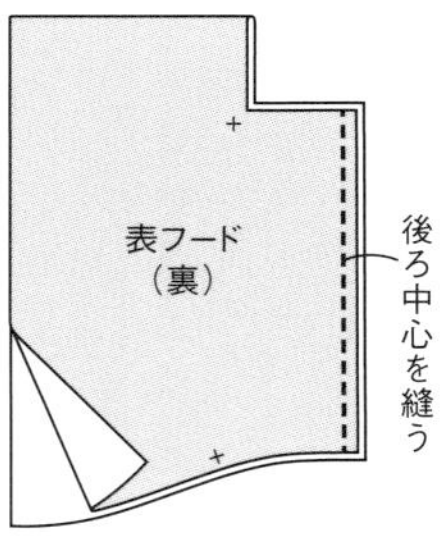

②

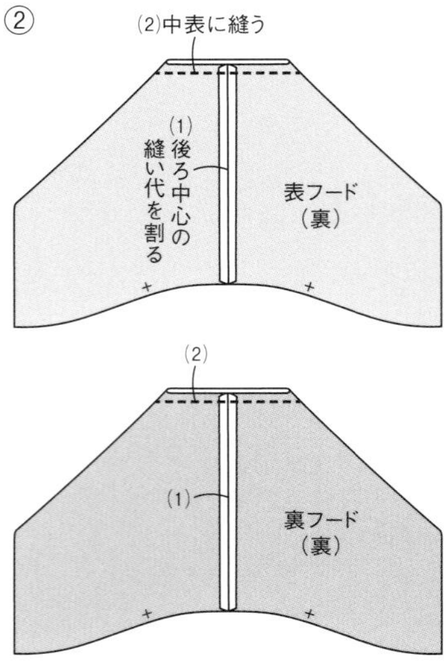

③

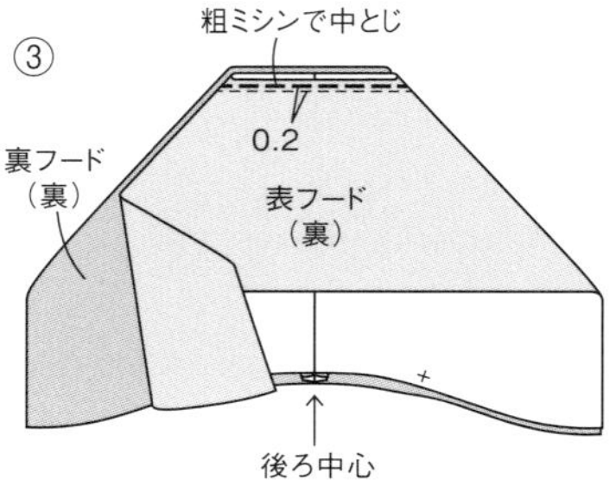

④

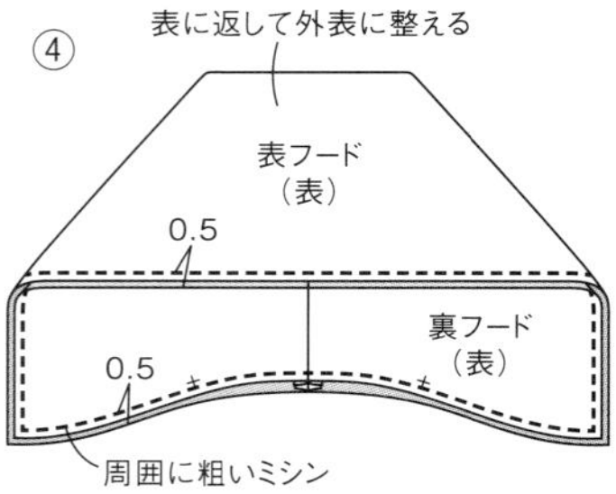

5. フードをつける

①

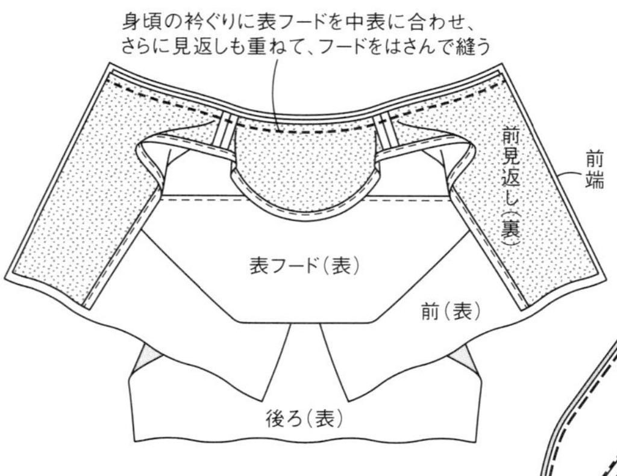

②

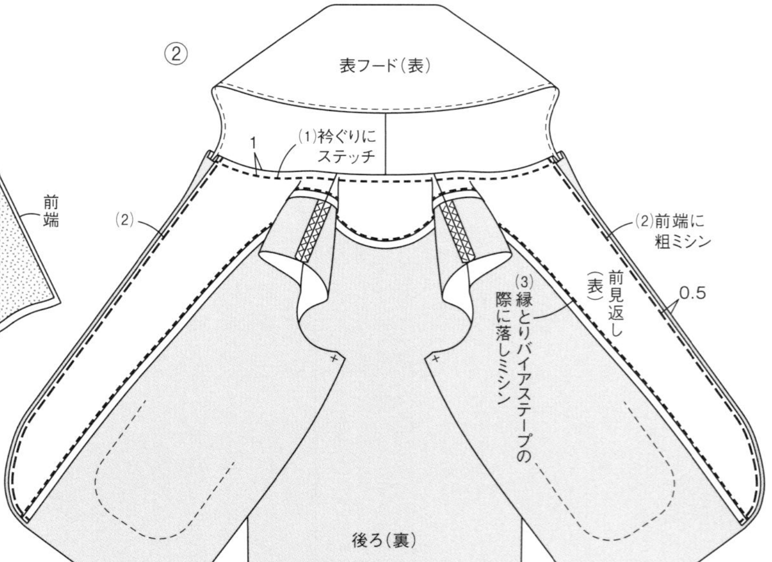

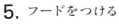

7. 裾〜前端〜フード端に縁とりをする

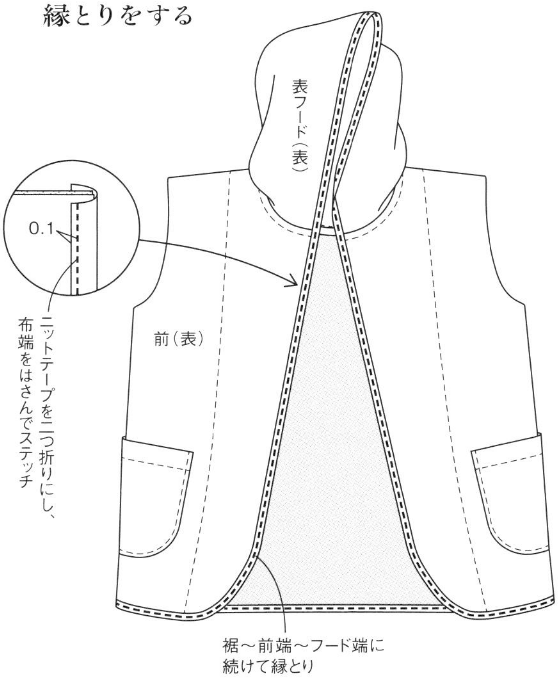

8. 袖を作る

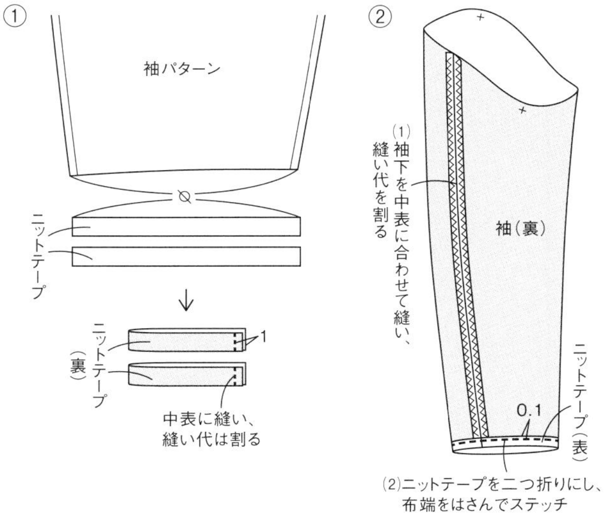

10. チンウォーマーを作る

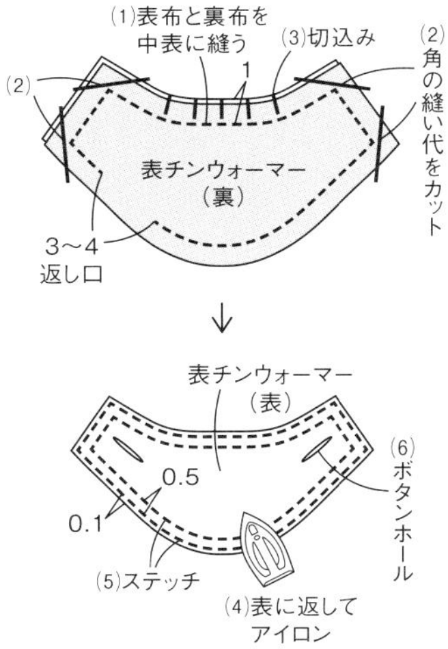

11. ボタンホールとボタンつけ

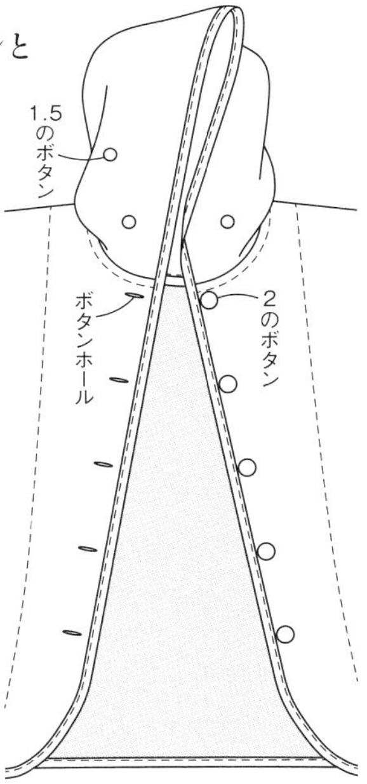

【縫い代の縁とり始末】

縫い代端を市販の両折りタイプのバイアステープでくるんで始末をする方法です。

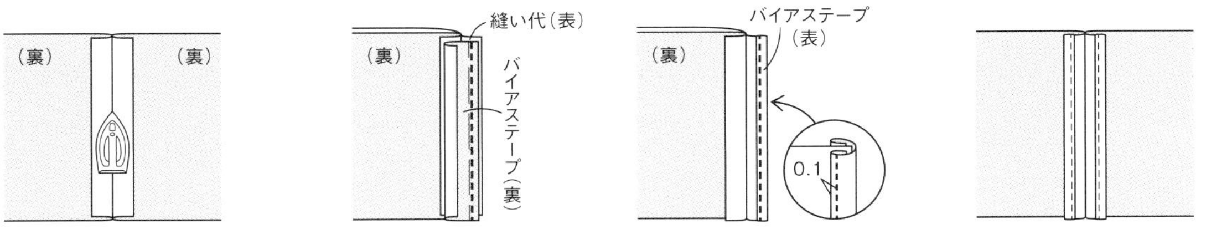

①2枚を中表に合わせて縫い、縫い代をアイロンで割る。

②バイアステープの片側の折り山を開き、縫い代端に中表に合わせ、折り山の少し外側を縫う。

③バイアステープを表に返し、縫い代端をくるんでステッチをかける。

④もう一方の縫い代端も同様にバイアステープでくるむ。

p.7, 22

C-1 ラグランスリーブジャケット

【出来上り寸法】
S ＝バスト103cm　着丈71cm　ゆき丈約78cm
M ＝バスト108cm　着丈71cm　ゆき丈約78cm
L ＝バスト113cm　着丈73cm　ゆき丈約79cm
LL＝バスト118cm　着丈73cm　ゆき丈約79cm

【パターン(3面)】
C後ろ身頃　C前身頃　C袖　C後ろ見返し
C前見返し　C表衿　C裏衿　C-1ポケット
C裏後ろ身頃　C裏前身頃　C裏袖

【材料】
表布　厚手ウール…140cm幅2m30cm
裏布　(キュプラ)…90cm幅2m20cm
接着芯…90cm幅1m30cm
ボタン…直径2.3cm8個、1.8cm1個

【下準備】
1. 前身頃の前端、前見返し、表衿、裏衿、袖口縫い代の裏面に接着芯をはる。
2. 前、後ろ身頃の脇、前見返しの端の縫い代にロックミシン(またはジグザグミシン)をかける。

【縫い方順序】
1. ポケットを作ってつける。→p.41　ただしポケットをつけるときは1cm幅のステッチで縫いとめる。
2. 衿を作る。→図
3. 表身頃の脇を縫う。→図
4. 表袖を縫う。→図
5. 表袖をつける→図
6. 裏身頃を縫う。→図
7. 衿をつけて前端を縫う。→図
8. 裾の始末をする。→図
9. 袖口を縫う。→図
10. 脇の内側に糸ループをつける。→図
11. ボタンホールとボタンつけ。→図

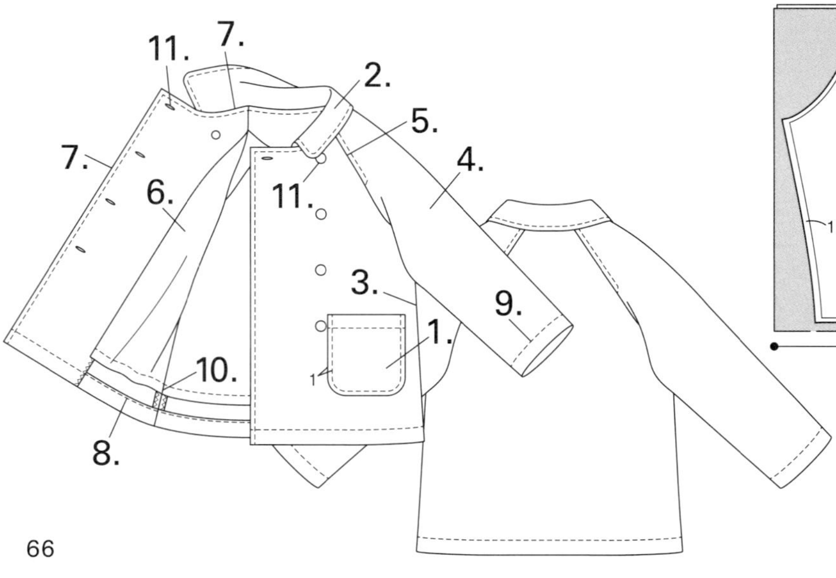

【裁合せ図】

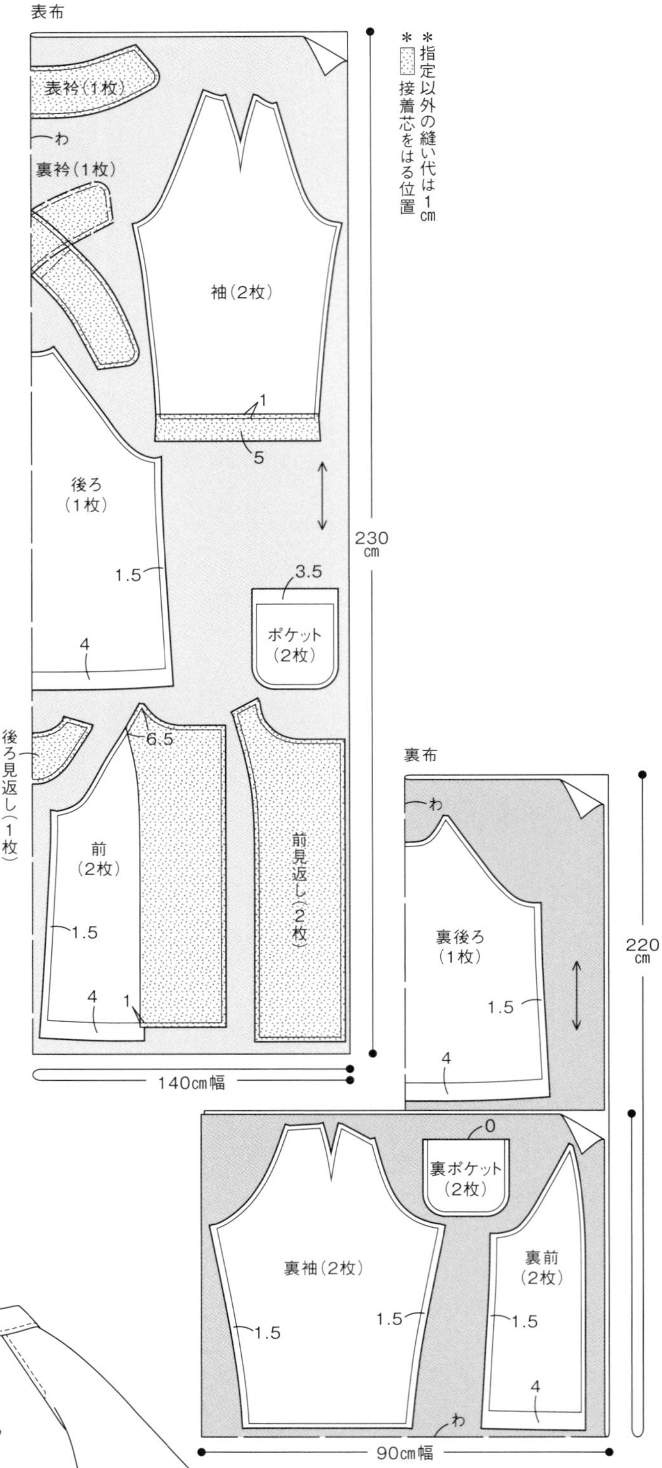

＊指定以外の縫い代は1cm
＊ 接着芯をはる位置

2. 衿を作る

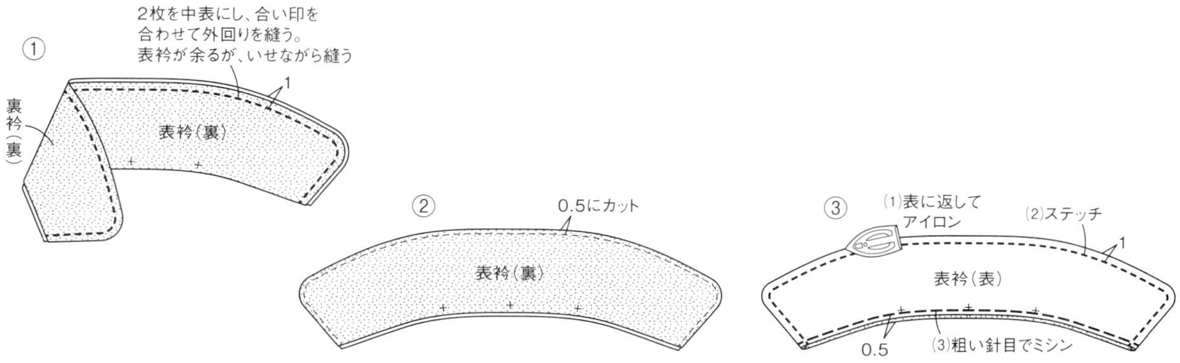

3. 表身頃の脇を縫う

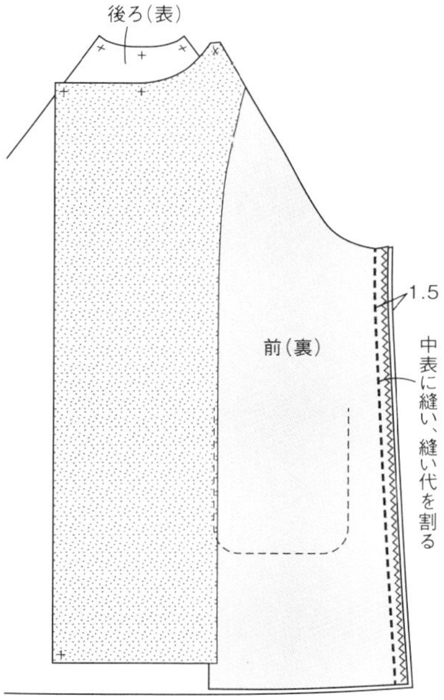

4. 表袖を縫う

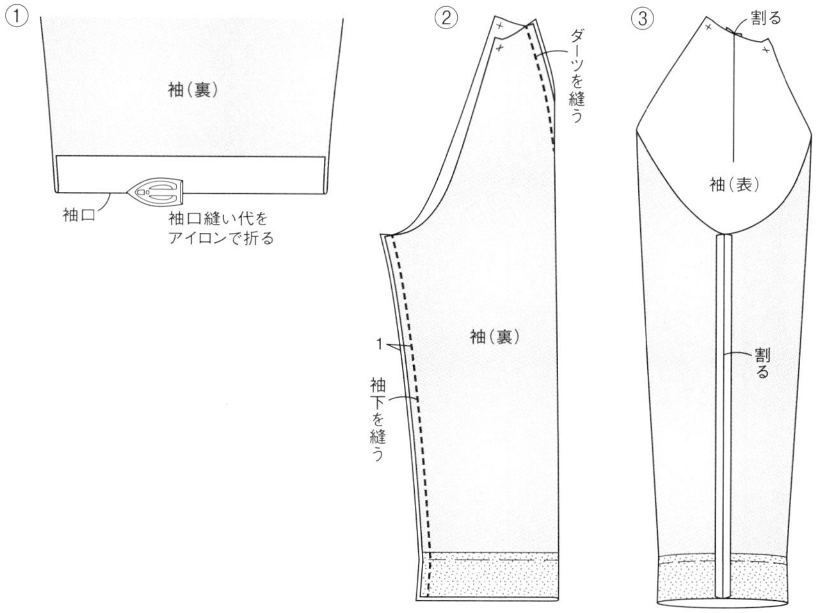

5. 表袖をつける

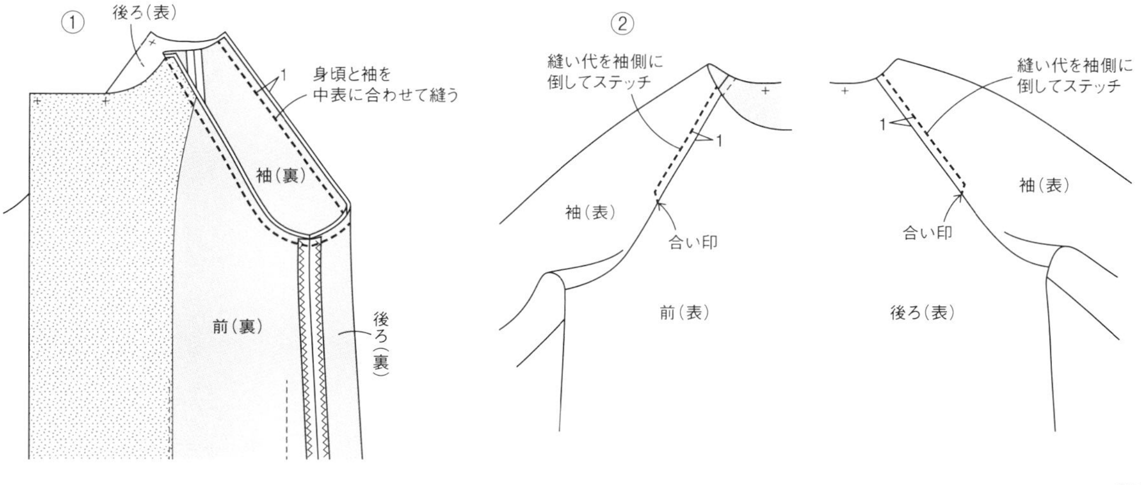

6. 裏身頃を縫う

①

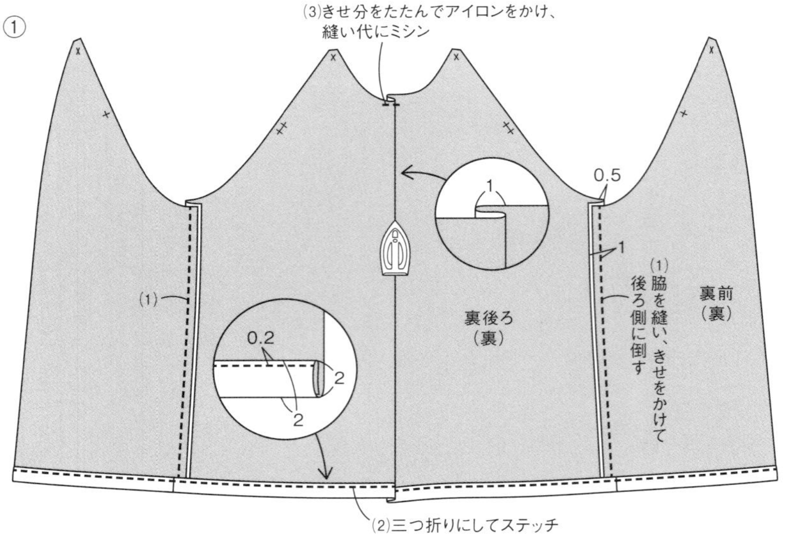

※きせのかけ方は、p.55参照

②

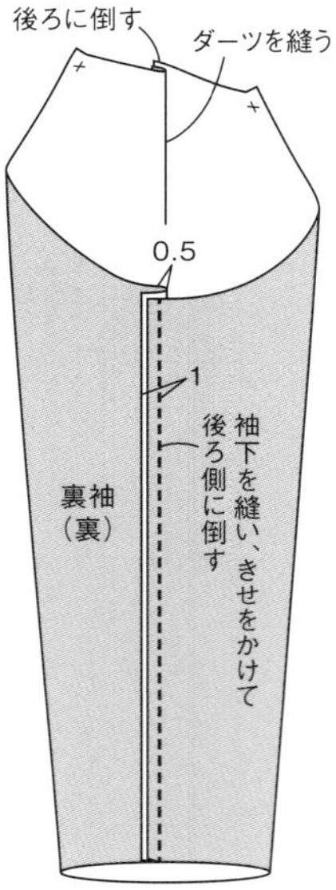

③

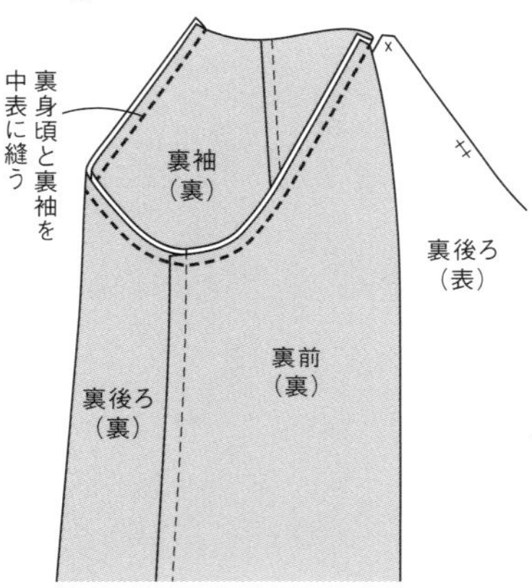

④

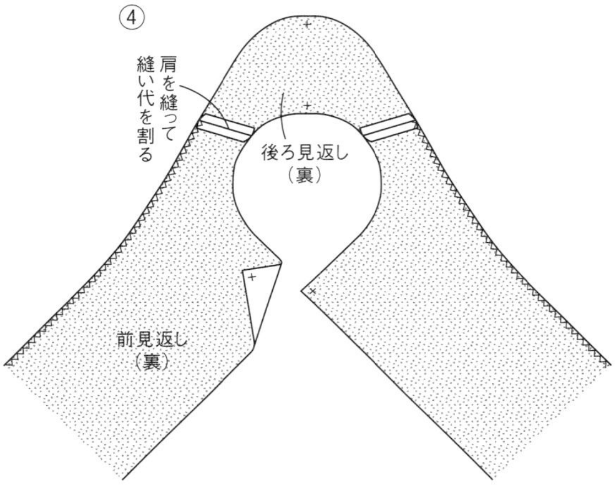

⑤

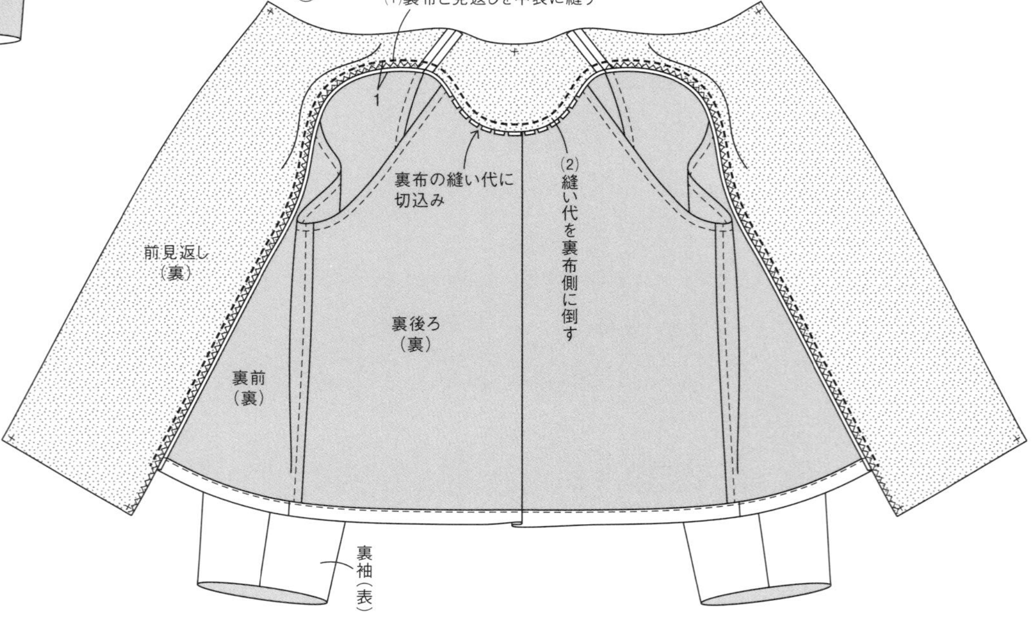

7. 衿をつけて前端を縫う

①

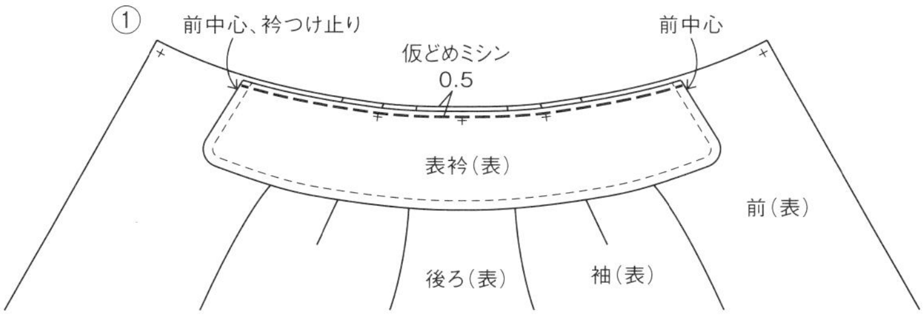

②

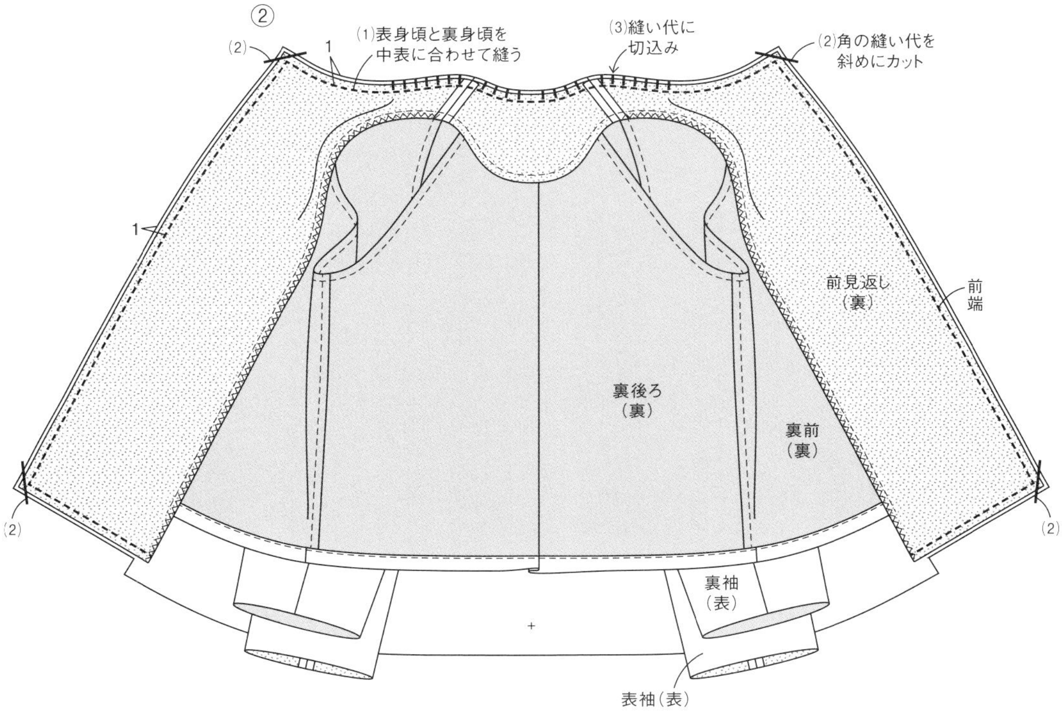

③

8. 裾の始末をする

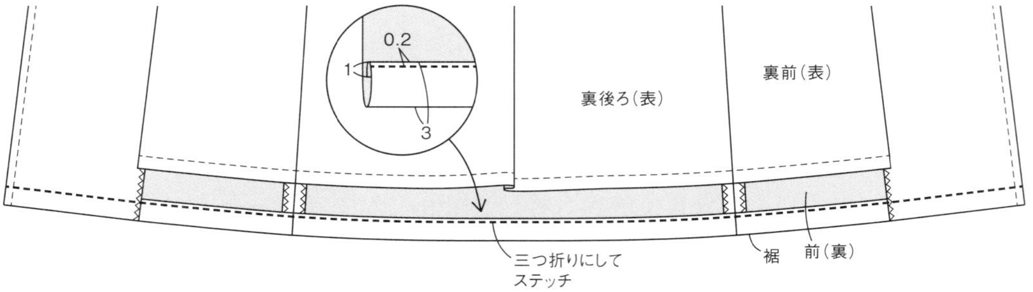

9. 袖口を縫う

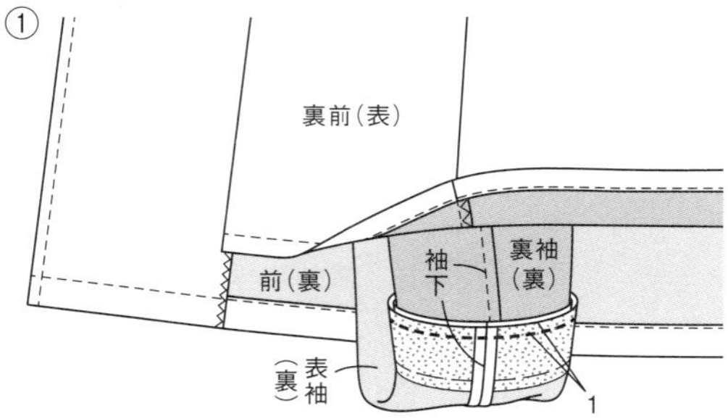

表身頃と裏身頃の間から袖を引き出し、
表袖と裏袖の袖口を突き合わせるように
中表に合わせて縫う。
このとき袖がよじれないように気をつける。
左袖も同様。

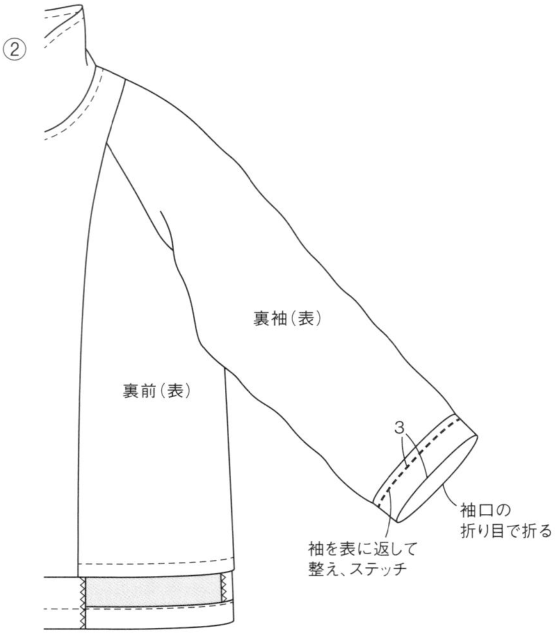

10. 脇の内側に糸ループをつける

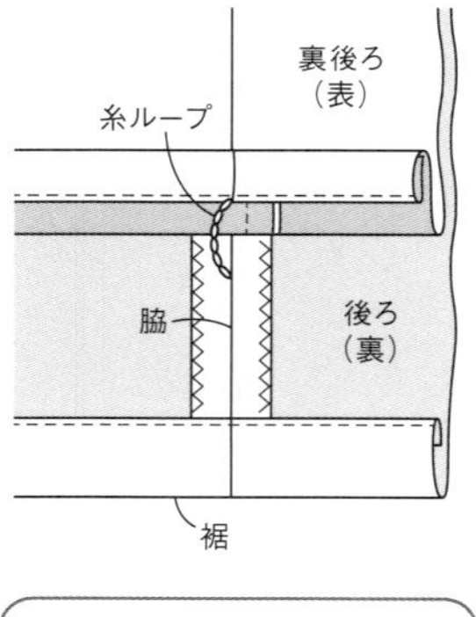

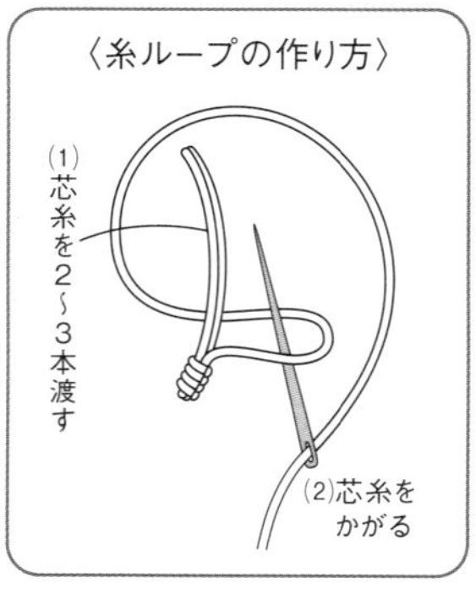

11. ボタンホールとボタンつけ

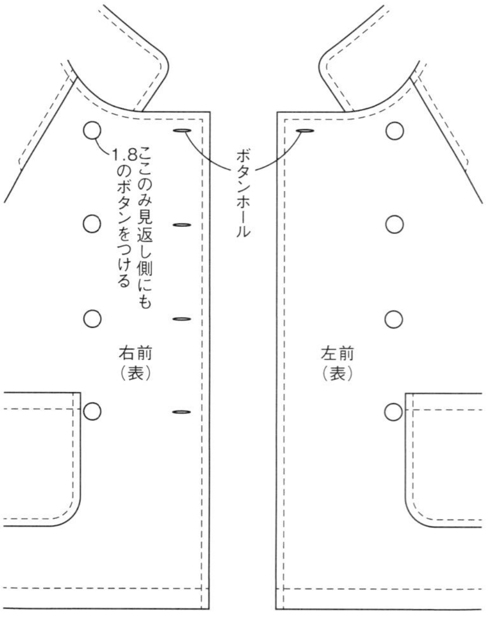

p.15 　**C-2** ラグランスリーブジャケット

【出来上り寸法】
S　＝バスト103cm　着丈57.5cm　ゆき丈約78cm
M　＝バスト108cm　着丈57.5cm　ゆき丈約78cm
L　＝バスト113cm　着丈59.5cm　ゆき丈約79cm
LL＝バスト118cm　着丈59.5cm　ゆき丈約79cm

【パターン(3面)】
C前身頃　C後ろ身頃　C袖　C前見返し　C後ろ見返し
C-2ポケット　C胸ポケット

【材料】
表布　インディゴデニム12オンス…110cm幅S・M1m90cm／L・LL2m
接着芯…90cm幅70cm
テープ　グログランリボン…1.2cm幅65cm

【作り方のポイント】
ポケットつけ、衿ぐり〜前端〜裾、袖口のステッチには白のステッチ糸を使用する。

【下準備】
1. 前見返し、後ろ見返しの裏面に接着芯をはる。
2. 脇、袖下、ポケットと胸ポケットのポケット口の縫い代にロックミシン(またはジグザグミシン)をかける。

【縫い方順序】
1. ポケットを作ってつける。→図
2. 脇を縫う。→p.67
3. 袖を縫う。→図
4. 袖をつける。→p.67① 縫い代は2枚一緒にロックミシン(またはジグザグミシン)をかけ、袖側に倒す。
5. 前端〜衿ぐりを縫う。→図
6. 裾の始末をする。→図

【裁合せ図】

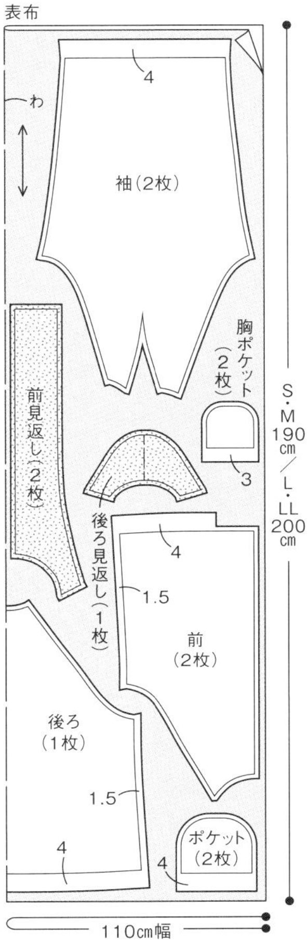

＊指定以外の縫い代は1cm
＊ 接着芯をはる位置

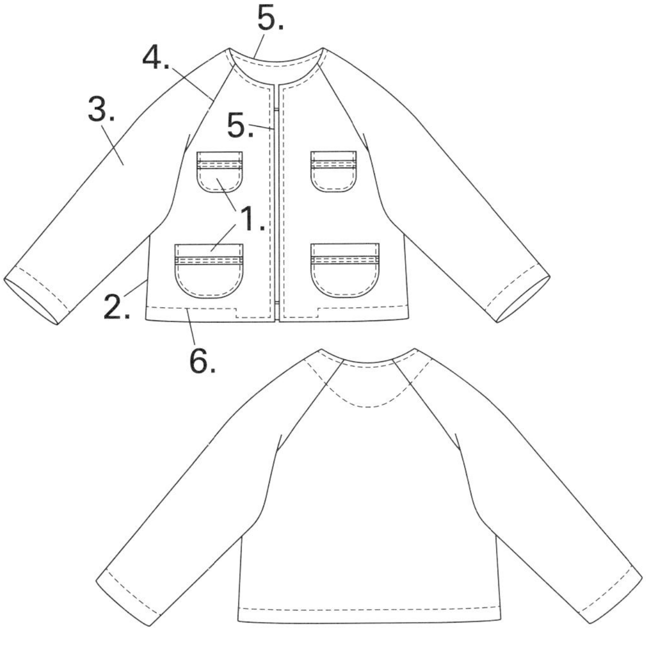

1. ポケットを作ってつける

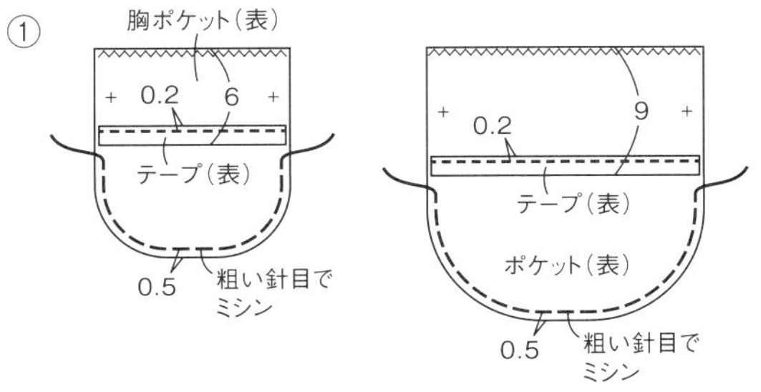

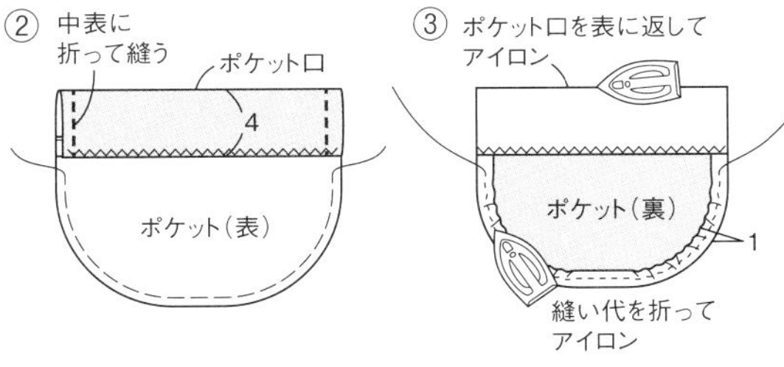

④

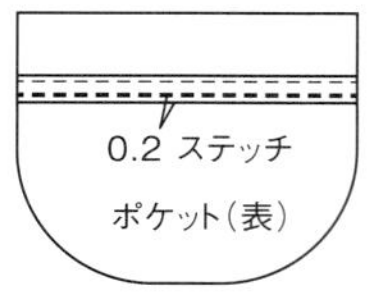

※胸ポケットも同様に作る

⑤

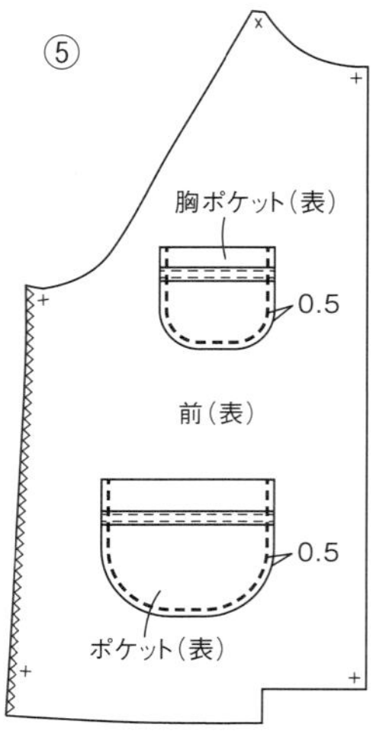

3. 袖を縫う

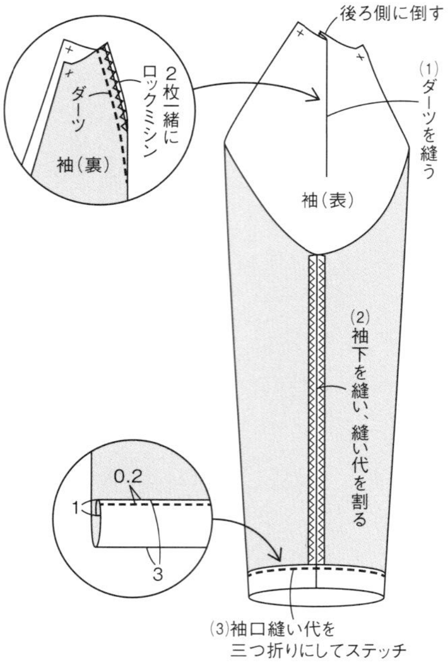

5. 前端〜衿ぐりを縫う

6. 裾の始末をする

①

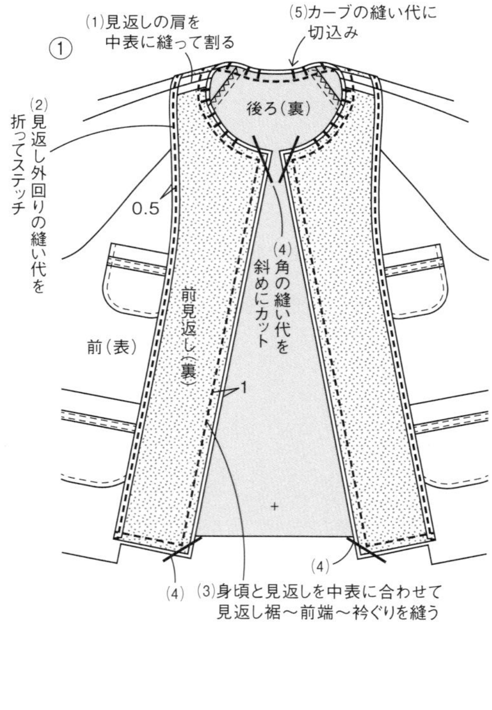

②

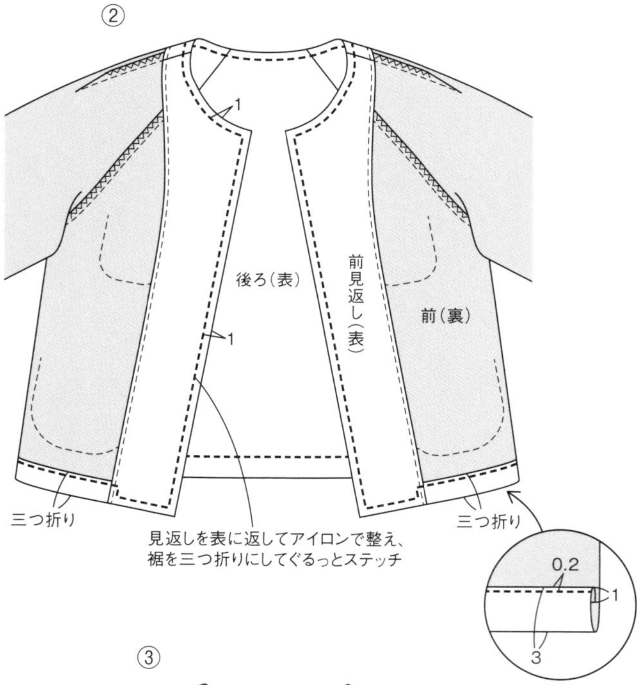

③

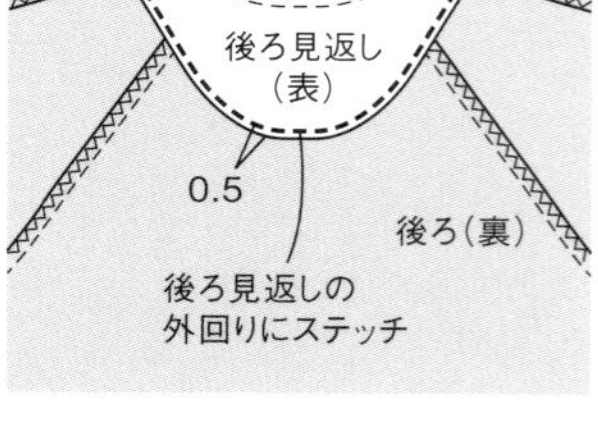

p.17 # C-3 ラグランスリーブジャケット

【 出来上り寸法 】
S　＝バスト103cm　着丈57.5cm　ゆき丈約78cm
M　＝バスト108cm　着丈57.5cm　ゆき丈約78cm
L　＝バスト113cm　着丈59.5cm　ゆき丈約79cm
LL＝バスト118cm　着丈59.5cm　ゆき丈約79cm

【 パターン（3面）】
C前身頃　C後ろ身頃　C袖　C前見返し　C後ろ見返し
C-3ポケット　C胸ポケット

【 材料 】
表布　リネンツイル…140cm幅S・M1m50cm／L・LL1m60cm
接着芯…90cm幅70cm
リネンバイアステープ…5cm幅5m50cm

【 下準備 】
1. 前見返し、後ろ見返しの裏面に接着芯をはる。
2. 脇、袖下、ポケットと胸ポケットのポケット口の縫い代にロックミシン（またはジグザグミシン）をかける。

【 縫い方順序 】
1. ポケットを作ってつける。→図
2. 脇を縫う。→p.67
3. 袖を縫う。→p.72
4. 袖をつける。→p.67①　縫い代は2枚一緒にロックミシン（またはジグザグミシン）をかけ、袖側に倒す。
5. 前端〜衿ぐりを縫う。→p.72
6. 裾の始末をする。→p.72
7. 衿ぐり〜前端にフリルをつける。→図

【 裁合せ図 】

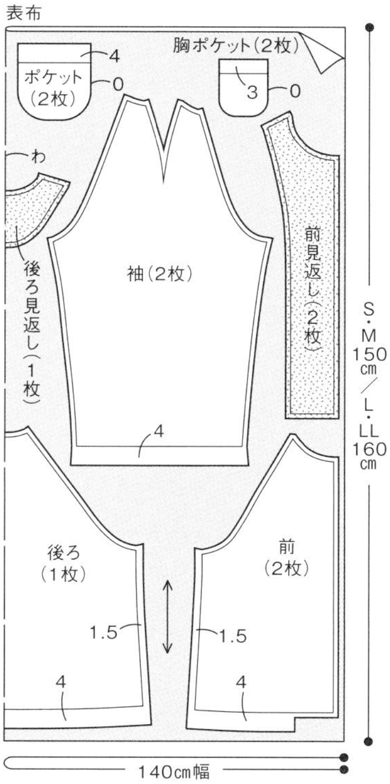

＊指定以外の縫い代は1cm
＊ 接着芯をはる位置

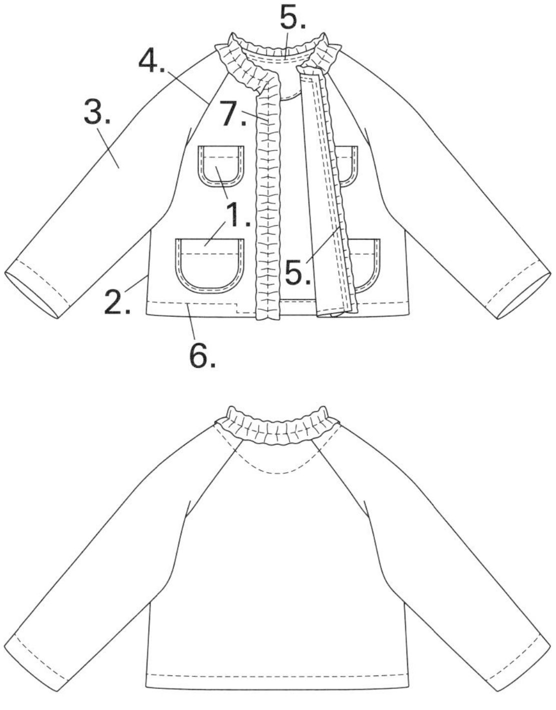

1. ポケットを作ってつける

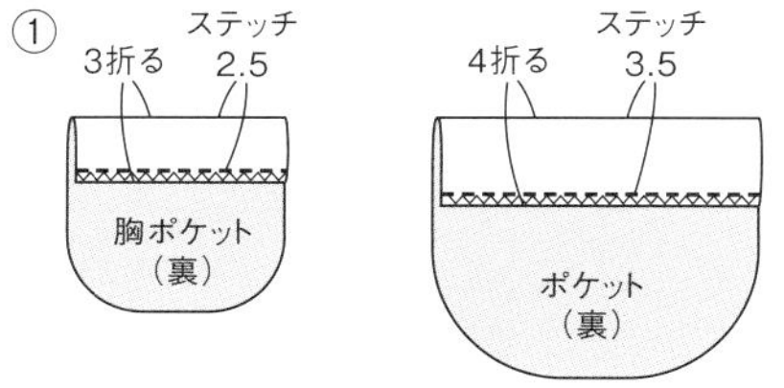

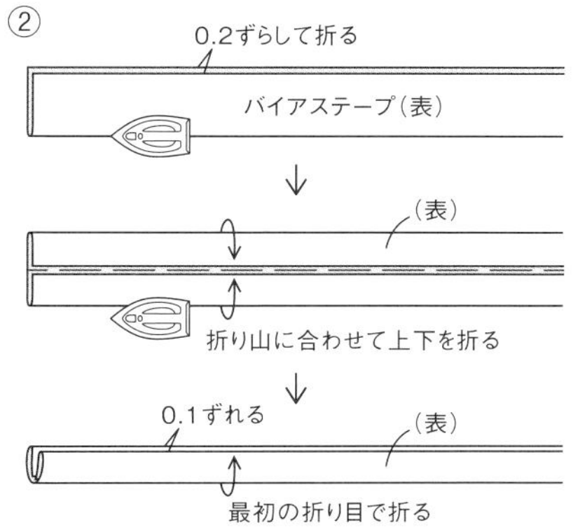

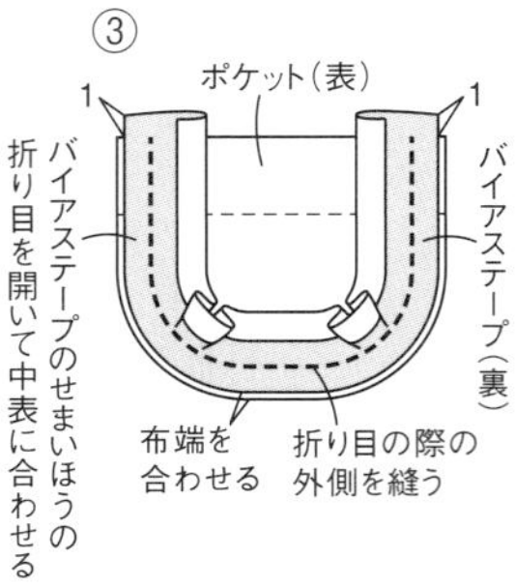

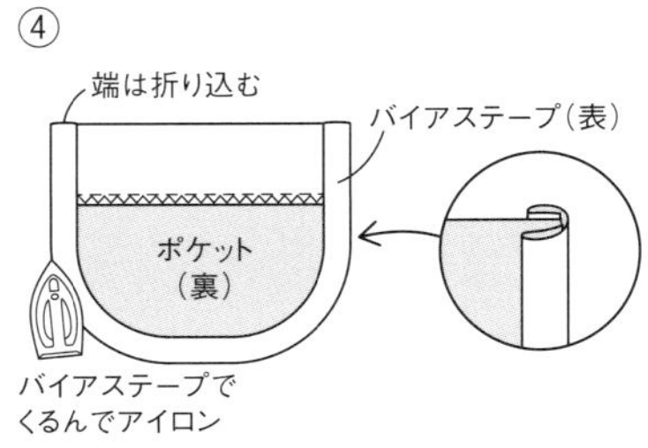

※胸ポケットも同様に作る

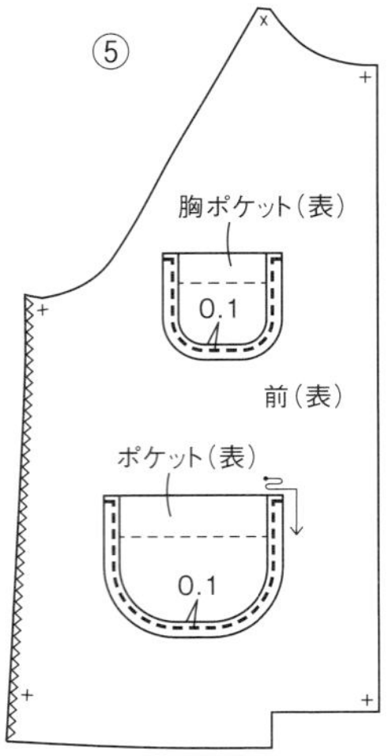

7. 衿ぐり～前端にフリルをつける

Mサイズの場合です。各サイズフリル分量で調節してください。

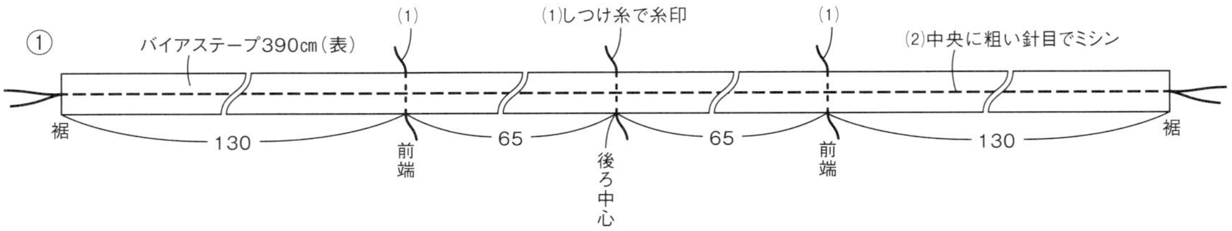

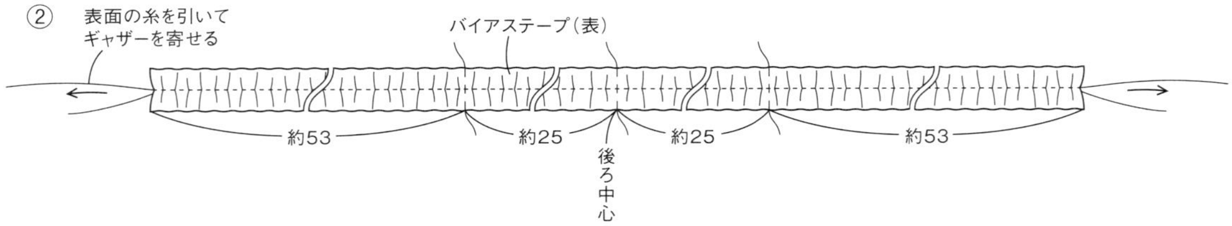

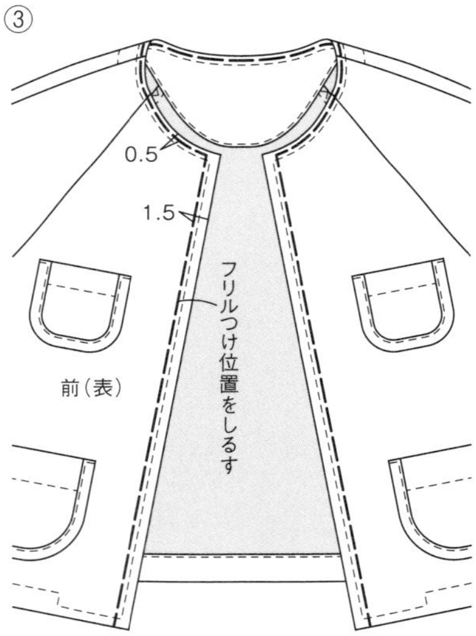

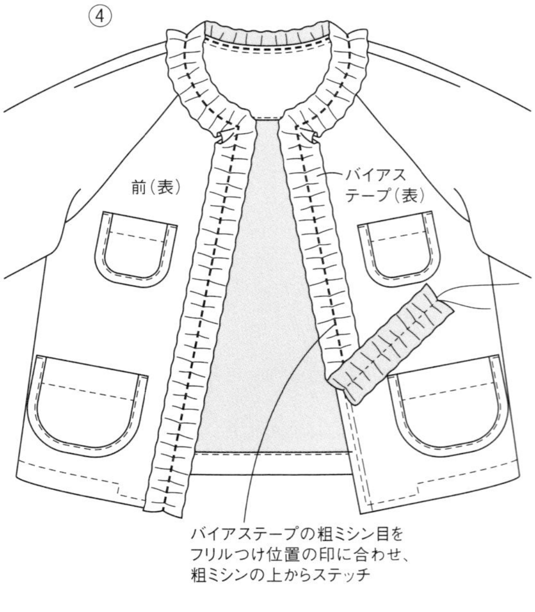

p.29 # C-4 ラグランスリーブジャケット

【 出来上り寸法 】

S ＝バスト103cm　着丈71cm　ゆき丈約78cm
M ＝バスト108cm　着丈71cm　ゆき丈約78cm
L ＝バスト113cm　着丈73cm　ゆき丈約79cm
LL＝バスト118cm　着丈73cm　ゆき丈約79cm

【 パターン(3面) 】

C後ろ身頃　C前身頃　C袖　C後ろ見返し　C前見返し
C表衿　C裏衿　C袋布　C裏後ろ身頃　C裏前身頃　C裏袖

【 材料 】

表布　ツイード…150cm幅2m
裏布　(キュプラ)…90cm幅2m20cm
接着芯…90cm幅1m30cm
接着テープ…1.5cm幅40cm
ボタン…直径2.3cm5個

【 下準備 】

1. 前身頃の前端、前見返し、表衿、裏衿、袖口縫い代の裏面に接着芯を、前ポケット口縫い代の裏面に接着テープをはる。
2. 前、後ろ身頃の脇、表布袋布の脇、前見返しの端の縫い代にロックミシン(またはジグザグミシン)をかける。

【 縫い方順序 】

1. 衿を作る。→p.67　ただし衿外回りのステッチ幅は0.5cm
2. 表身頃の脇を縫い、ポケットを作る。→図
3. 表袖を縫う。→p.67
4. 表袖をつける。→p.67　ただしステッチはかけない。
5. 裏身頃を縫う。→p.68
6. 衿をつけて前端を縫う。→p.69　ただし前端～衿ぐりのステッチ幅は0.5cm。
7. 裾の始末をする。→p.70　ただし袋布の下端を裾縫い代にはさんでステッチをかける。
8. 袖口を縫う。→p.70
9. 脇の内側に糸ループをつける。→p.70
10. ボタンホールとボタンつけ。右前端にボタンホールを作り、左前端にボタンをつける。

【 裁合せ図 】

＊指定以外の縫い代は1cm
＊▒ 接着芯・接着テープをはる位置

表布

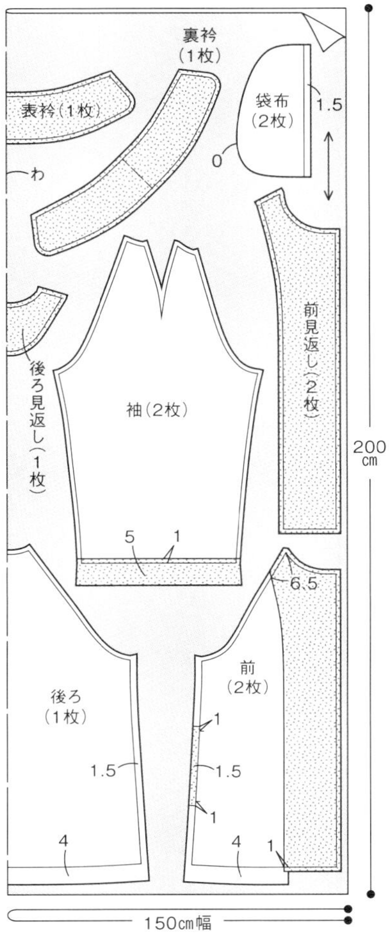

裏布

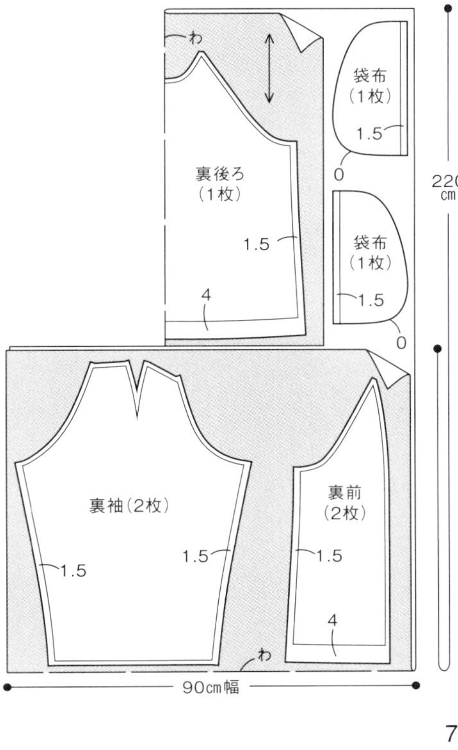

2. 表身頃の脇を縫い、ポケットを作る

①

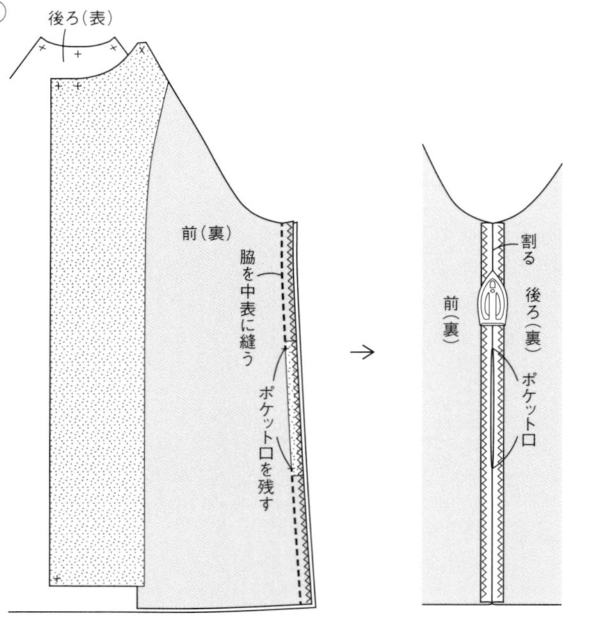

②

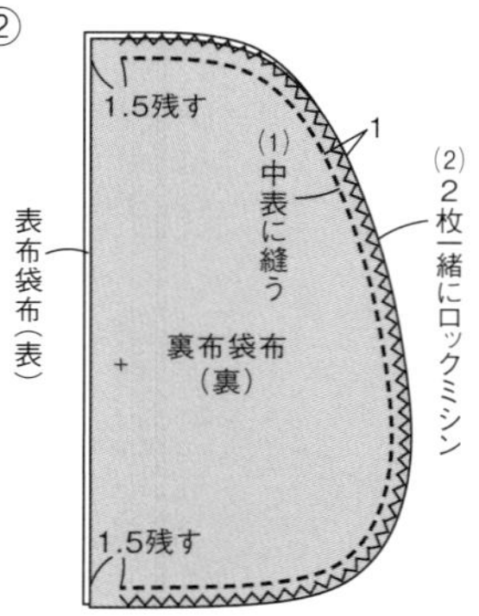

③

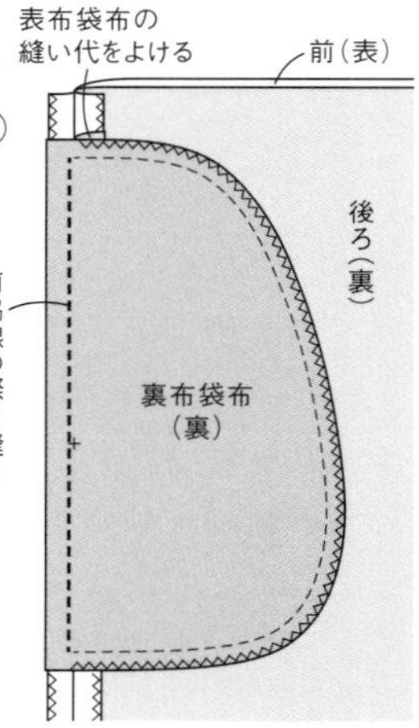

④

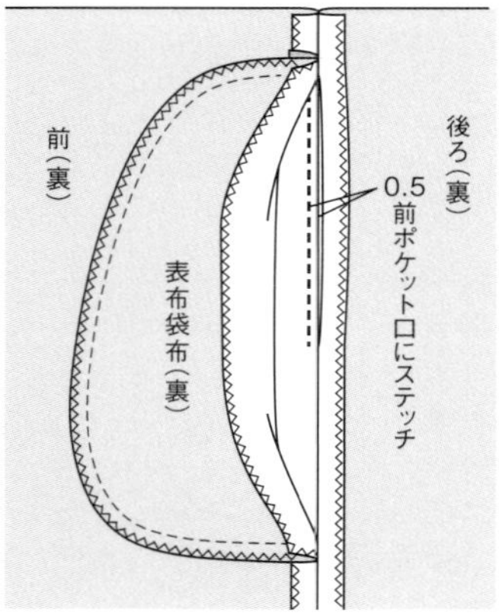

⑤

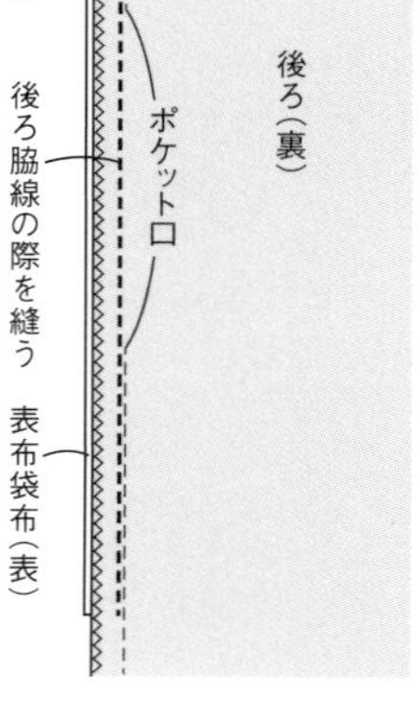

⑥

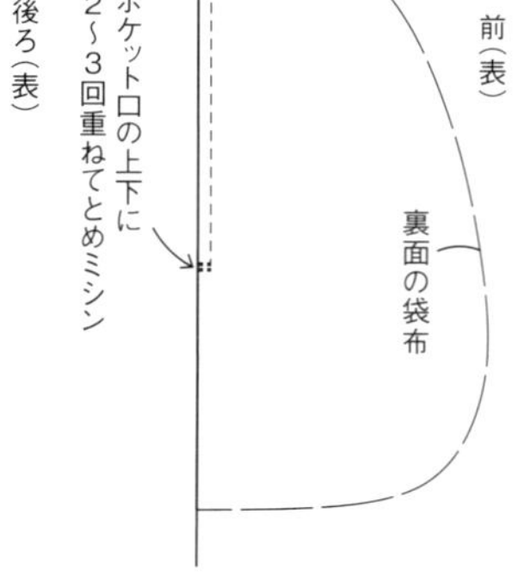

p.8, 32 # D-1 ドロップトショルダージャケット

【 出来上り寸法 】
S ＝バスト116cm 着丈68cm 袖丈52.7cm
M ＝バスト121cm 着丈68cm 袖丈53cm
L ＝バスト126cm 着丈70cm 袖丈54.2cm
LL＝バスト131cm 着丈70cm 袖丈54.5cm

【 パターン（I面）】
D後ろ身頃 D前身頃 D袖 D前見返し
D後ろ見返し D-1ポケット

【 材料 】
表布 ウールツイード…150cm幅1m70cm
薄手木綿（裏ポケット用）…45×20cm
接着芯…60×80cm
バイアステープ（両折りタイプ・見返しの縫い代始末用）…1.8cm幅1m90cm
ボタン…直径3.5cm1個
スナップ…直径2cm3組み

【 下準備 】
1. 前見返し、後ろ見返しの裏面に接着芯をはる。
2. 脇、袖下の縫い代にロックミシン（またはジグザグミシン）をかける。

【 縫い方順序 】
1. ポケットを作ってつける。→p.41
2. 見返しを縫う。→図
3. 肩を縫う。→図
4. 前端〜衿ぐりを縫う。→図
5. 脇を縫う。→図
6. 裾の始末をする。→図
7. 袖を作る。→図
8. 袖をつける。→図
9. ボタン、スナップをつける。→図

【 裁合せ図 】
表布

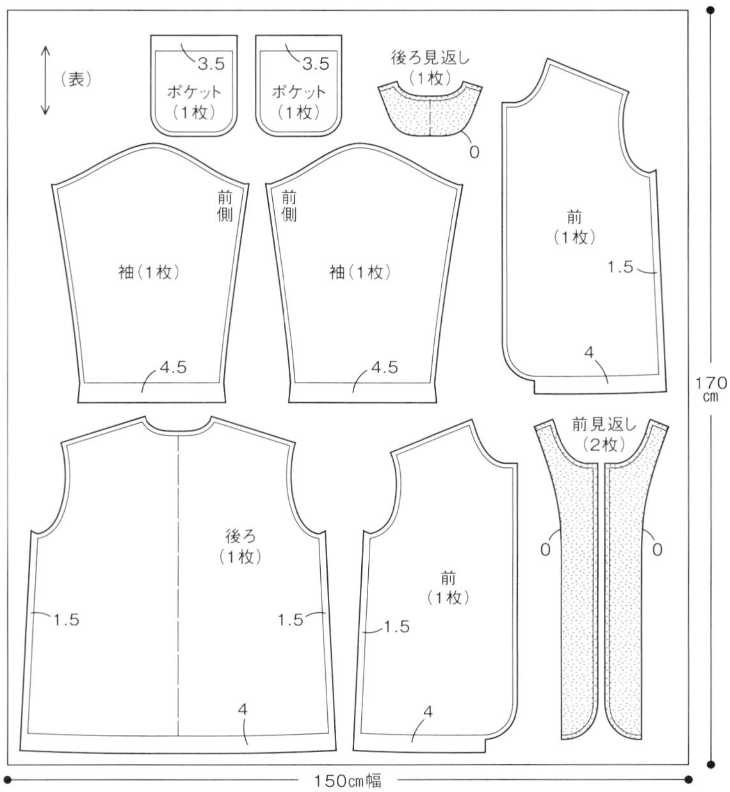

＊指定以外の縫い代は1cm
＊ 接着芯をはる位置

薄手木綿

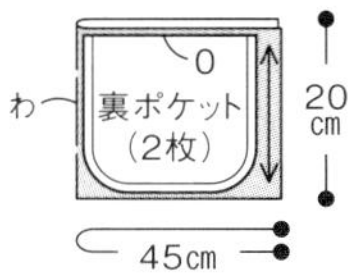

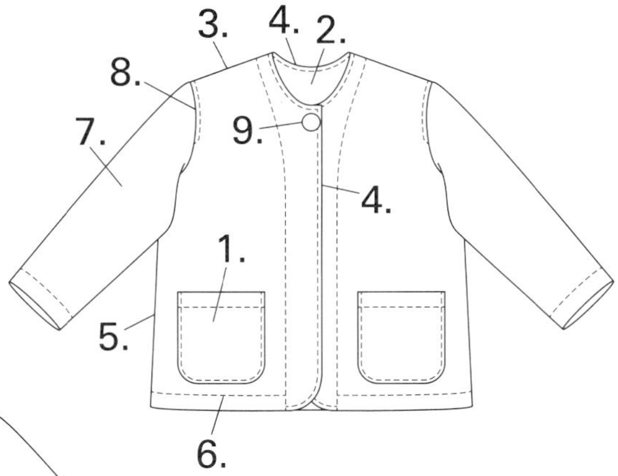

2. 見返しを縫う

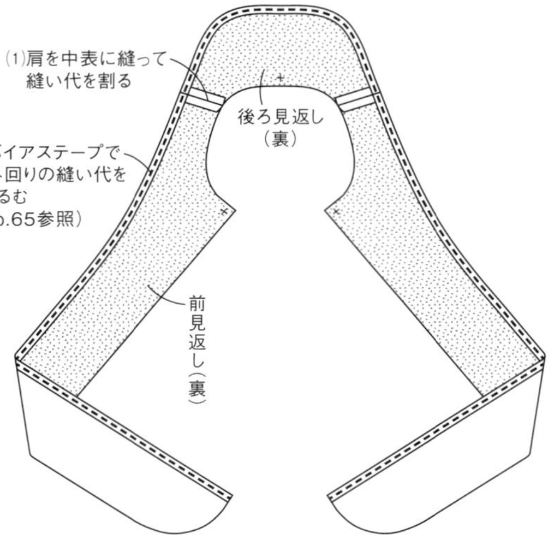

3. 肩を縫う

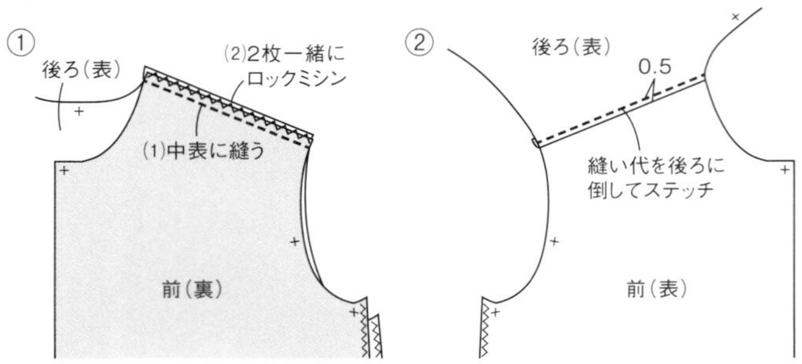

4. 前端〜衿ぐりを縫う

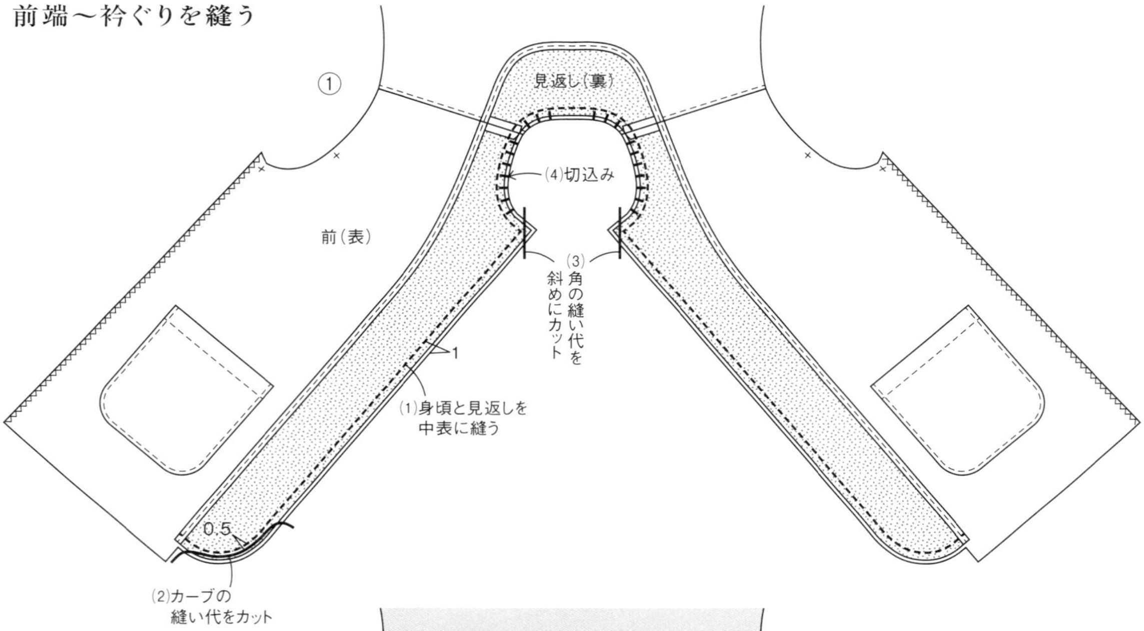

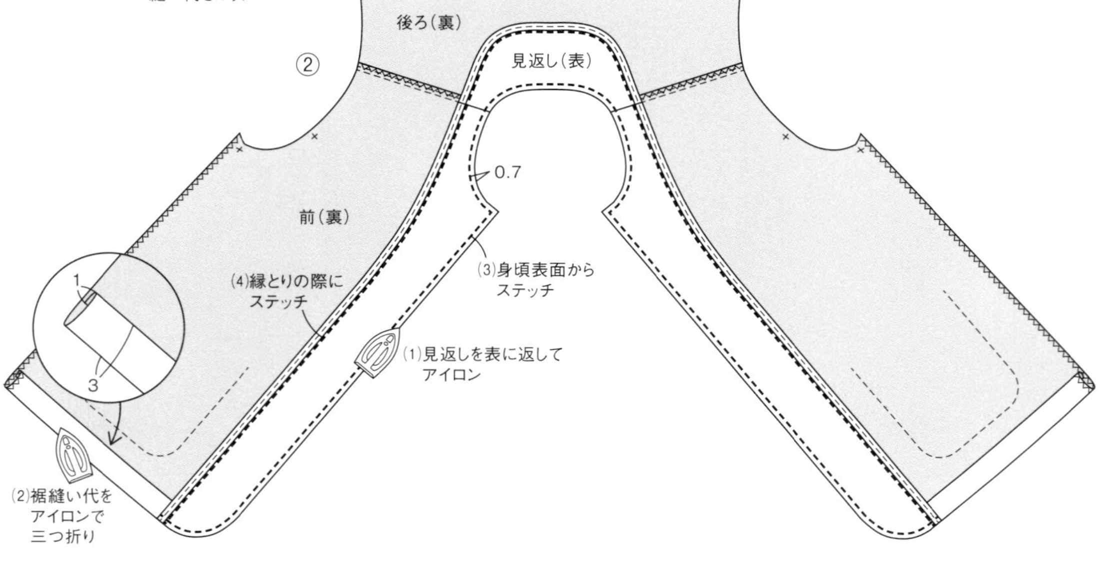

5. 脇を縫う
6. 裾の始末をする

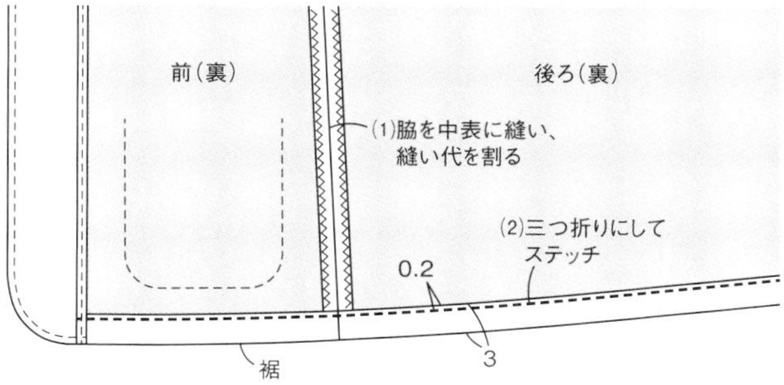

7. 袖を作る

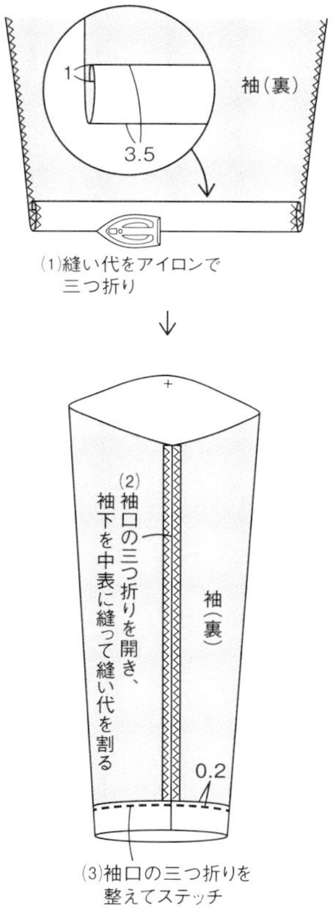

8. 袖をつける

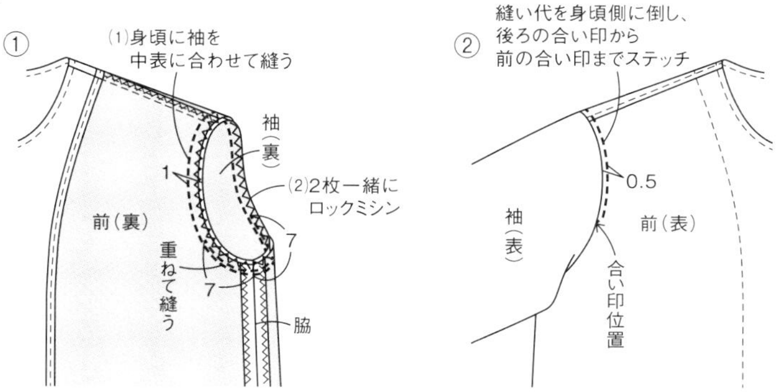

9. ボタン、スナップをつける

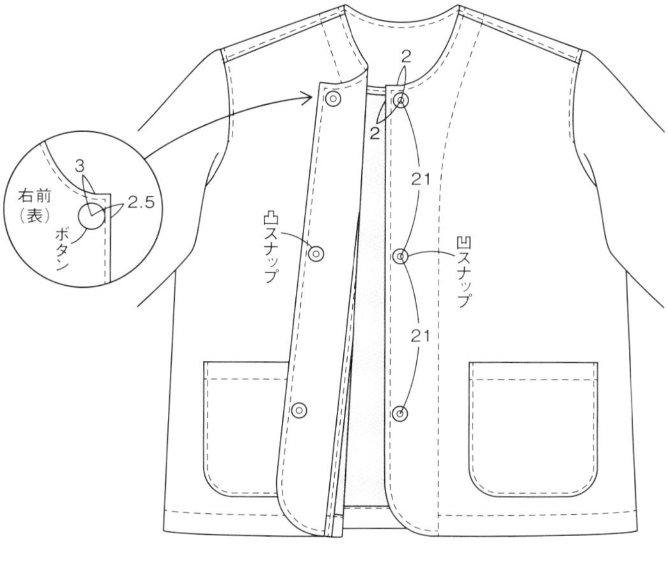

p.12

D-2 ドロップトショルダージャケット

【出来上り寸法】
S ＝バスト116cm　着丈68cm　袖丈52.7cm
M ＝バスト121cm　着丈68cm　袖丈53cm
L ＝バスト126cm　着丈70cm　袖丈54.2cm
LL＝バスト131cm　着丈70cm　袖丈54.5cm

【パターン(1面)】
D後ろ身頃　D前身頃　D袖　D前見返し　D-2ポケット
D胸ポケット　D-2表衿　D-2裏衿

【材料】
表布　平織りリネン…150cm幅S・M・L1m80cm／LL1m90cm
接着芯…90cm幅80cm
ボタン…直径1.8cm5個

【下準備】
前見返し、表衿、裏衿の裏面に接着芯をはる。

【縫い方順序】

1. ポケット、胸ポケットを作ってつける。→p.57　ただしダブルステッチで身頃に縫いとめる。
2. 後ろ中心を縫う。左右の後ろ身頃を中表に合わせて後ろ中心を縫う。縫い代は2枚一緒にロックミシンをかけて右後ろ身頃側に倒し、ステッチをかける。
3. 肩を縫う。→p.78
4. 衿を作る。→図
5. 衿をつけ、前端を縫う。→図
6. 脇を縫う。前身頃と後ろ身頃の脇を中表に合わせて縫い、縫い代に2枚一緒にロックミシン（またはジグザグミシン）をかけて後ろ側に倒す。
7. 裾の始末をする。→p.79
8. 袖を作る。→p.79　ただし袖下は縫い代に2枚一緒にロックミシンをかけて後ろ側に倒す。
9. 袖をつける。→p.79
10. ボタンホールとボタンつけ。右前端にボタンホールを作り、左前中心にボタンをつける。

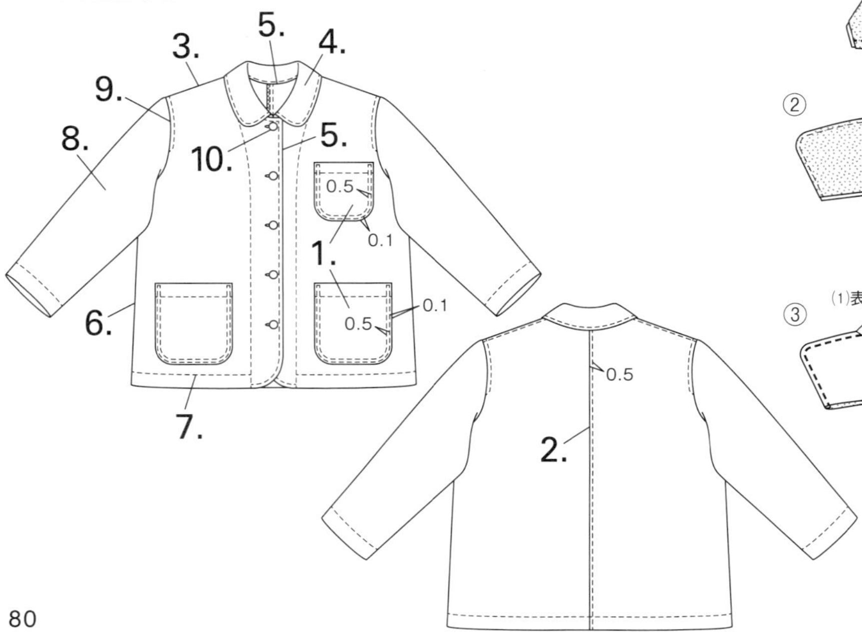

【裁合せ図】

表布

＊指定以外の縫い代は1cm
＊▒接着芯をはる位置

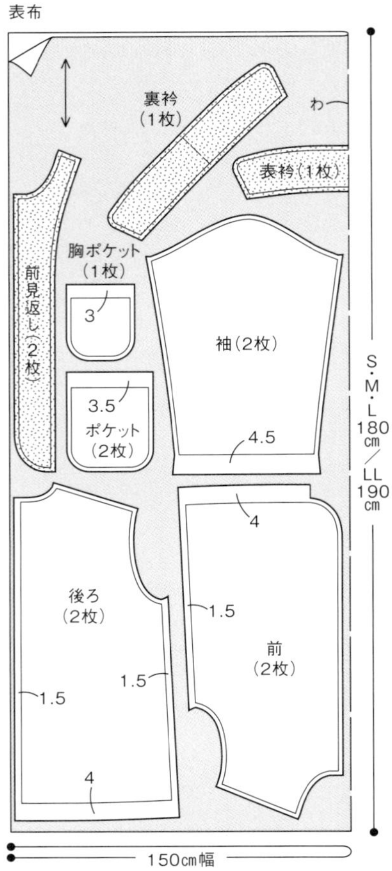

4. 衿を作る

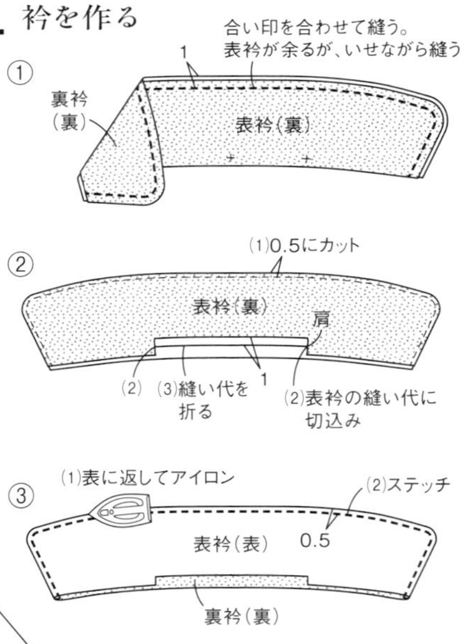

5. 衿をつけ、前端を縫う

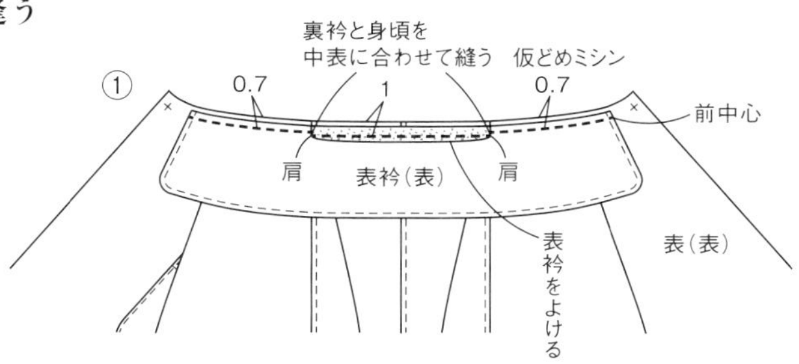

①
裏衿と身頃を
中表に合わせて縫う
仮どめミシン
0.7
1
0.7
前中心
肩
表衿（表）
肩
表（表）
表衿をよける

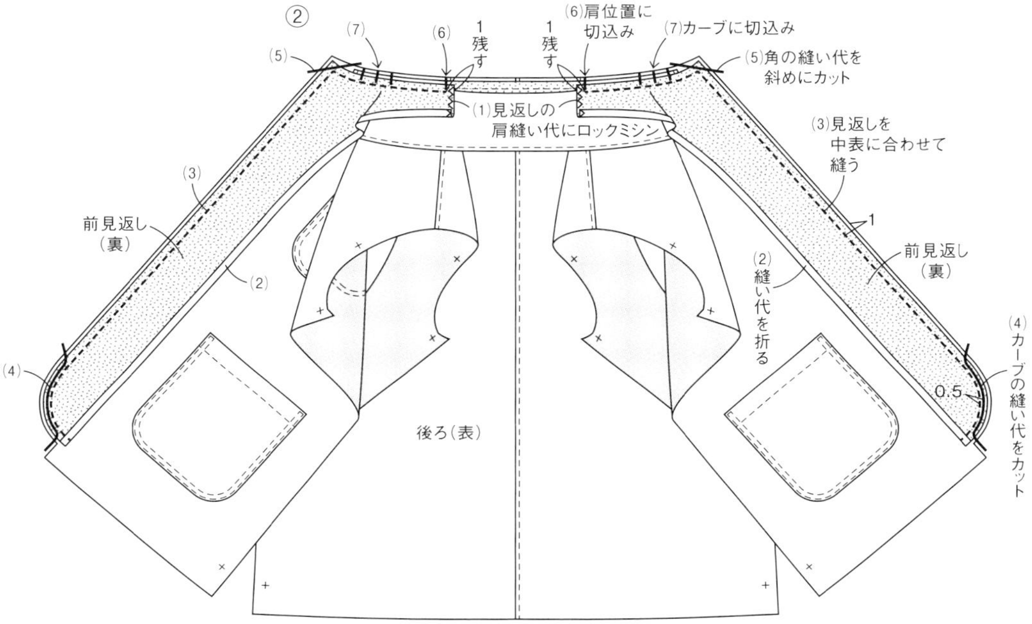

②
(7)
(6)
1
残す
1
残す
(6)肩位置に
切込み
(7)カーブに切込み
(5)
(5)角の縫い代を
斜めにカット
(1)見返しの
肩縫い代にロックミシン
(3)見返しを
中表に合わせて
縫う
(3)
1
前見返し
（裏）
(2)
(2)
縫い代を折る
前見返し
（裏）
(4)
(4)
カーブの縫い代をカット
0.5
後ろ（表）

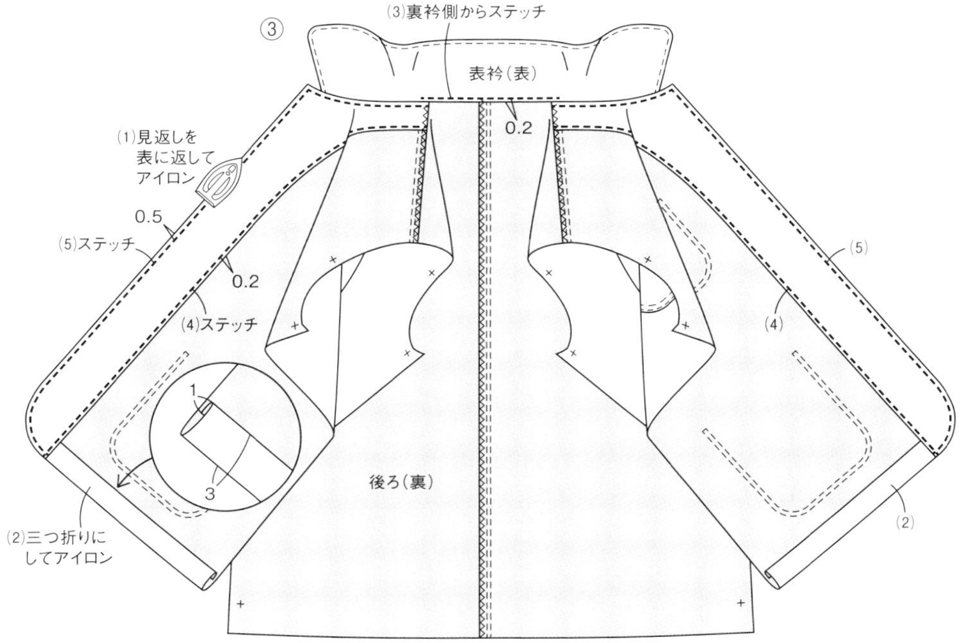

③
(3)裏衿側からステッチ
表衿（表）
0.2
(1)見返しを
表に返して
アイロン
0.5
(5)ステッチ
0.2
(4)ステッチ
1
3
後ろ（裏）
(2)三つ折りに
してアイロン
(5)
(4)
(2)

p.24

D-3 ドロップトショルダージャケット

【出来上り寸法】

S ＝バスト116cm　着丈68cm　袖丈52.7cm
M ＝バスト121cm　着丈68cm　袖丈53cm
L ＝バスト126cm　着丈70cm　袖丈54.2cm
LL＝バスト131cm　着丈70cm　袖丈54.5cm

【パターン（1面）】

D後ろ身頃　D前身頃　D袖　D-3表衿
D-3裏衿　D-3ポケット　D比翼布

【材料】

表布　ポリエステルウール…145cm幅
S・M1m90cm／L・LL2m
別布（表衿用）　コーデュロイ…55×15cm
接着芯…90cm幅70cm
ボタン…直径2cm3個
スナップ…小1組み

【下準備】

1. 前身頃前端の見返し部分、表衿、裏衿、比翼布の裏面に接着芯をはる。
2. 袖下縫い代にロックミシン（またはジグザグミシン）をかける。

【縫い方順序】

1. ポケットを作ってつける。→図
2. 前端に比翼布をつける。→図
3. 肩を縫う。→p.78
4. 衿を作る。→図
5. 衿をつける。→p.58　ただし前端にステッチはかけない。
6. 脇を縫う。前身頃と後ろ身頃の脇を中表に合わせて縫う。縫い代は2枚一緒にロックミシンをかけて後ろ側に倒し、ステッチをかける。
7. 裾の始末をする。→p.79　ただしステッチは前端までかける。
8. 袖を作る。→p.79
9. 袖をつける。→p.79
10. ボタン、スナップをつける。左前中央にボタンをつけ、前端の上端にスナップをつける。スナップは右前の内側に凸スナップを、左前身頃表面に凹スナップをつける。

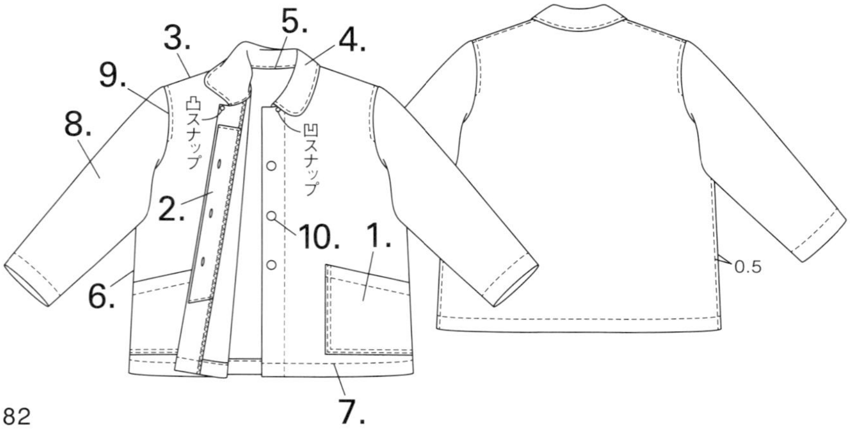

【裁合せ図】

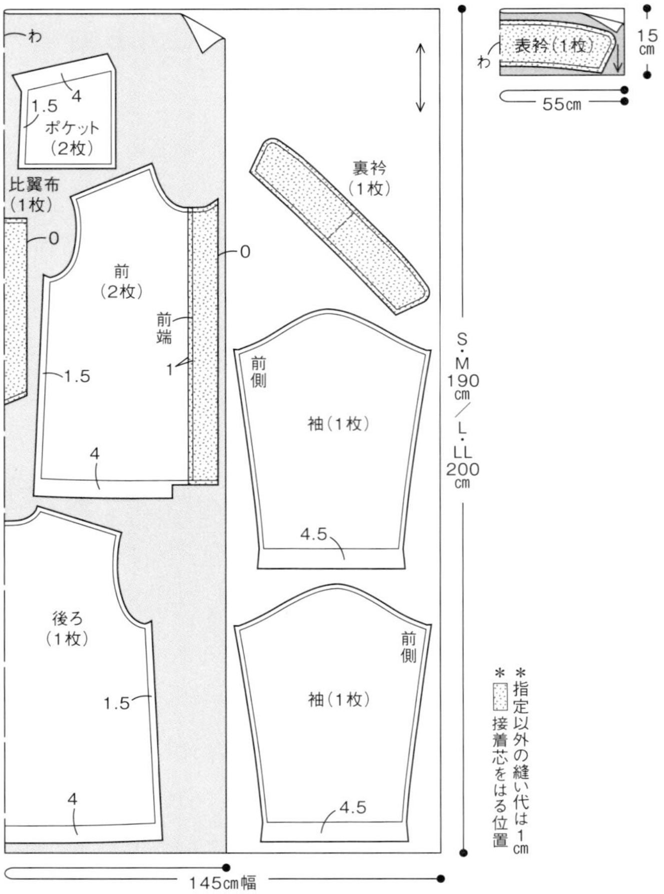

1. ポケットを作ってつける

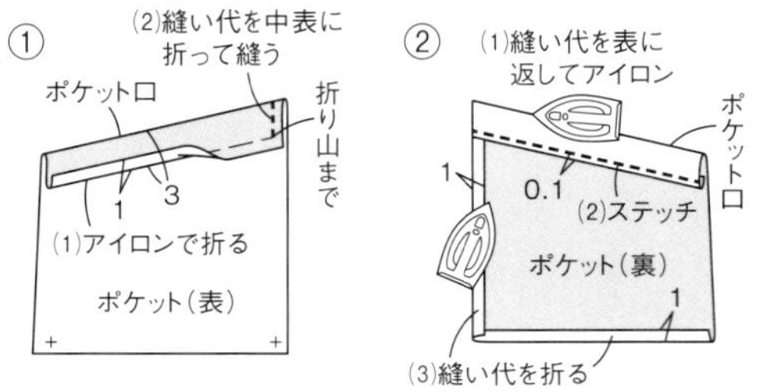

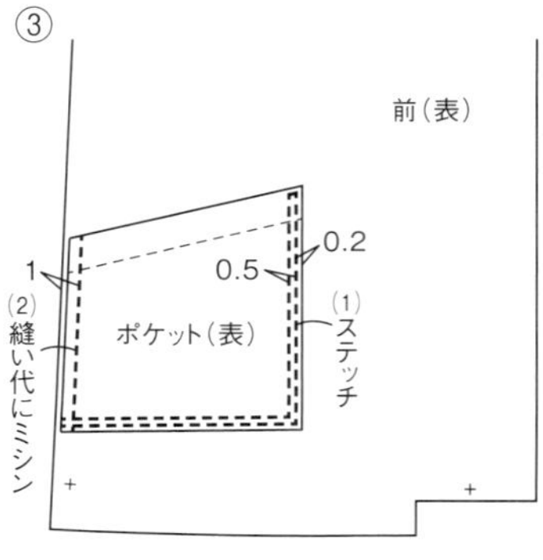

2. 前端に比翼布をつける

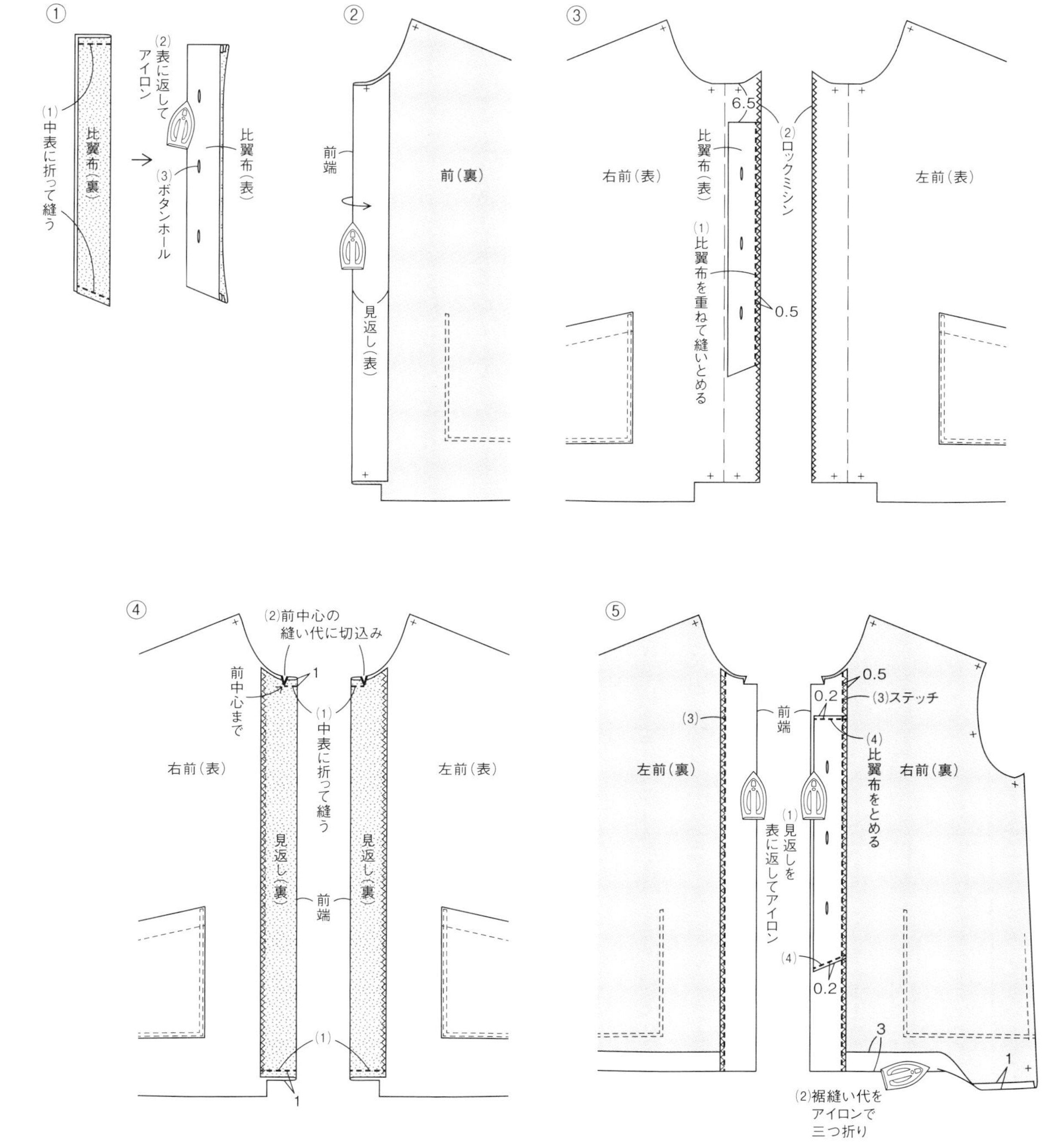

4. 衿を作る

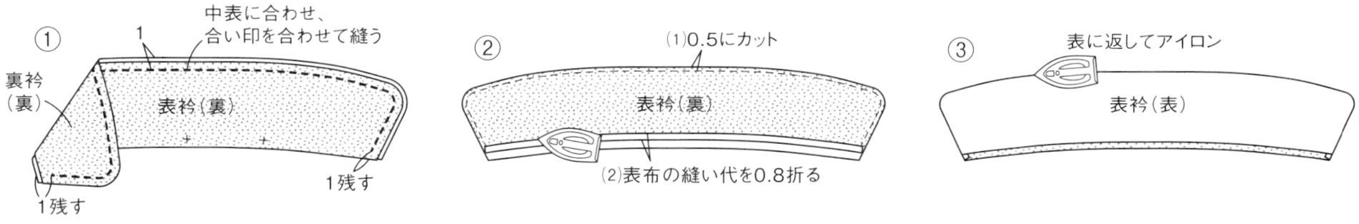

p.33 # D-4 ドロップトショルダージャケット

【出来上り寸法】
S　＝バスト116cm　着丈68cm　袖丈52.7cm
M　＝バスト121cm　着丈68cm　袖丈53cm
L　＝バスト126cm　着丈70cm　袖丈54.2cm
LL＝バスト131cm　着丈70cm　袖丈54.5cm

【パターン（1面）】
D後ろ身頃　D前身頃　D袖　D-4衿
D-4ポケット　D袖口布

【材料】
表布　キルティングクロス…110cm幅S・M2m20cm／L・LL2m30cm
別布（表衿、袖口布用）　花柄木綿…75×25cm
接着芯…55×20cm
テープ　グログランリボン…2cm幅3m10cm

【下準備】
1. 衿の裏面に接着芯をはる。
2. 肩、脇、袖下の縫い代にロックミシン（またはジグザグミシン）をかける。

【縫い方順序】
1. ポケットを作ってつける。→図。
2. 肩を縫う。前身頃と後ろ身頃の肩を中表に合わせて縫い、縫い代を割る。
3. 衿をつける。→図
4. 脇を縫う。前身頃と後ろ身頃の脇を中表に合わせて縫い、縫い代を割る。
5. 裾の始末をする。裾縫い代にロックミシンをかけ、縫い代を裏面に折ってステッチをかける。
6. 前端〜衿外回りに縁とりをする。→図
7. 袖を作る。→図
8. 袖をつける。→p.79　ただし袖ぐりにステッチはかけない。

【裁合せ図】

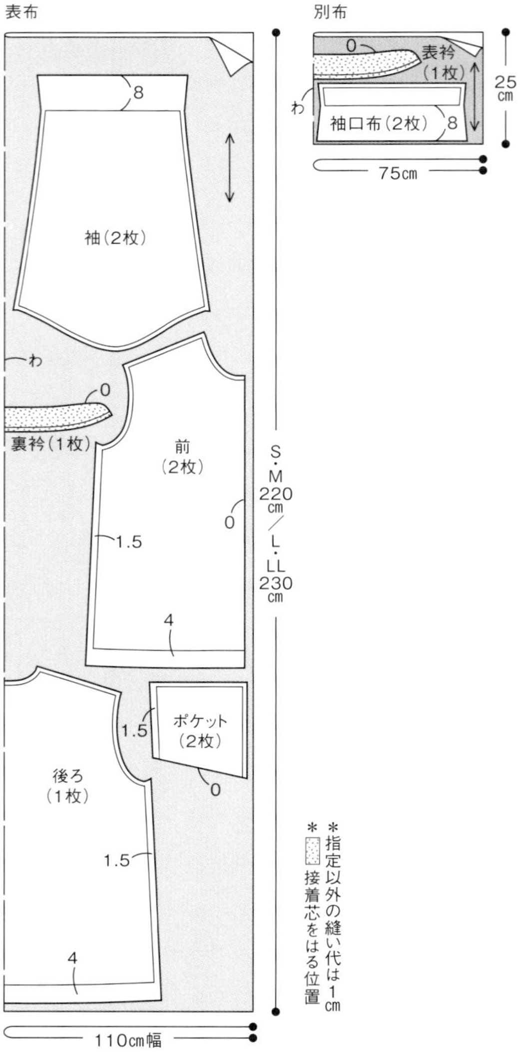

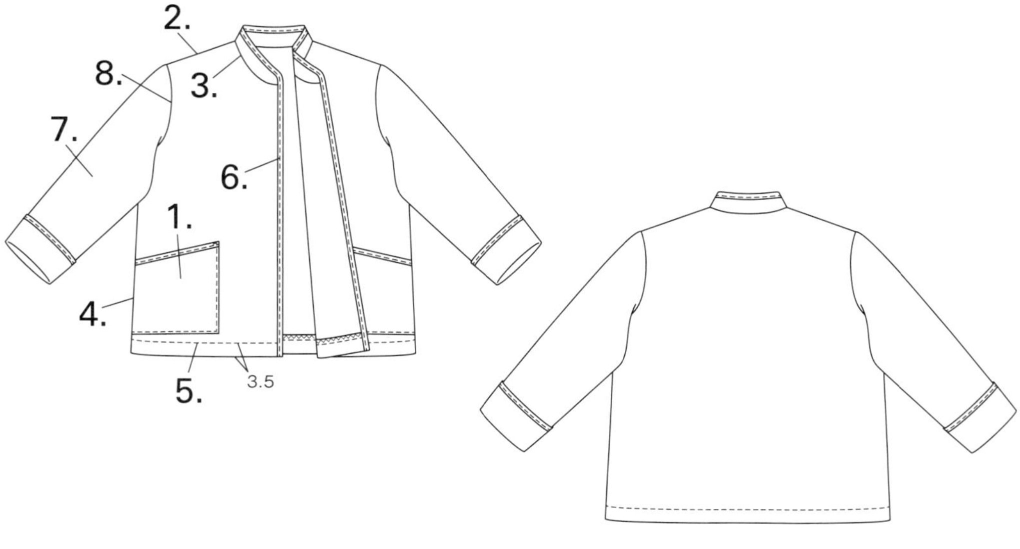

1. ポケットを作ってつける

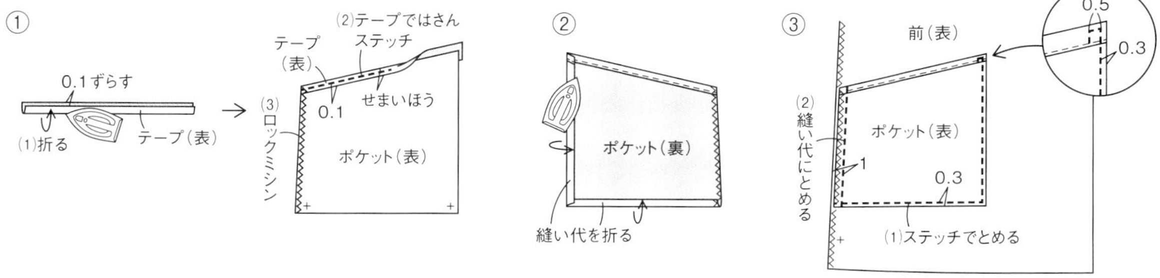

3. 衿をつける

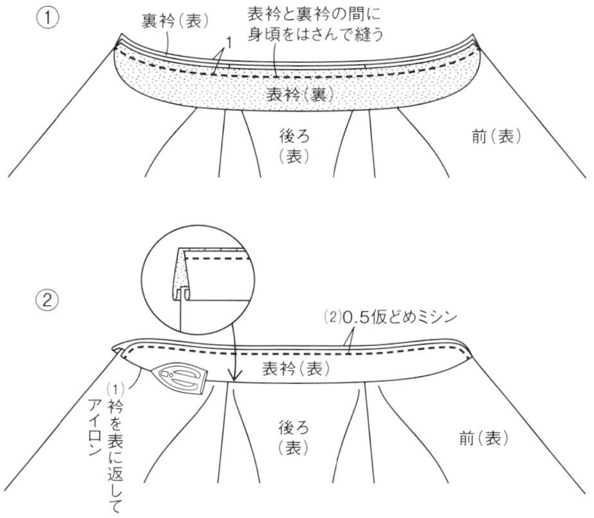

6. 前端～衿外回りに縁とりをする

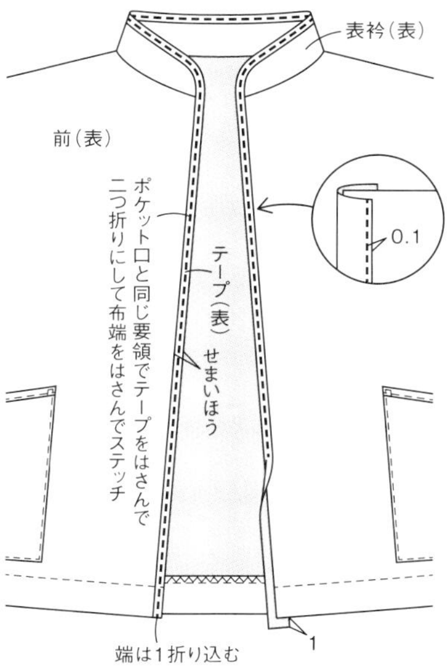

7. 袖を作る

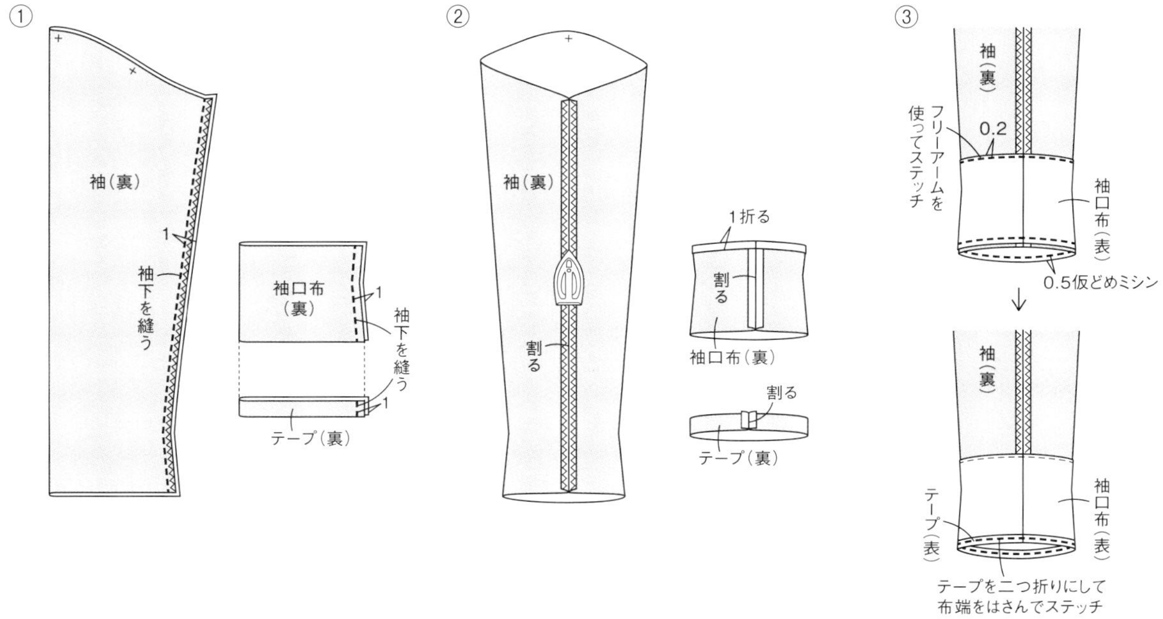

p.9, 28

E-1 ドルマンスリーブジャケット

【 出来上り寸法 】
S ＝バスト約131cm　着丈73cm　ゆき丈約74.5cm
M ＝バスト約136cm　着丈73cm　ゆき丈約75.3cm
L ＝バスト約141cm　着丈75cm　ゆき丈約77.1cm
LL＝バスト約146cm　着丈75cm　ゆき丈約77.9cm

【 パターン(4面) 】
E後ろ身頃　E前身頃　E衿ぐり見返し　Eポケット

【 材料 】
表布　コットンウール…145cm幅1m90cm
薄手木綿(裏ポケット用)…40×20cm
接着芯…90cm幅70cm
オープンファスナー…長さ50cm1本
バイアステープ(裾縫い代の始末用・両折りタイプ)…1.8cm幅1m70cm

【 下準備 】
1. 衿ぐり見返し、前身頃前端の見返し部分の裏面に接着芯をはる。
2. 後ろ中心、肩、脇～袖下、袖口の縫い代、見返しの外回り、前身頃の見返し端にロックミシン(またはジグザグミシン)をかける。

【 縫い方順序 】
1. ポケットを作ってつける。→p.41
2. 後ろ中心を縫う。→図
3. 前端にオープンファスナーをつける。→図
4. 裾の始末をする。→図
5. 肩を縫う。→図
6. 衿ぐりを縫い、前端にステッチをかける。→図
7. 袖下～脇を縫う。→図
8. 袖口の始末をする。→図

【 裁合せ図 】
表布

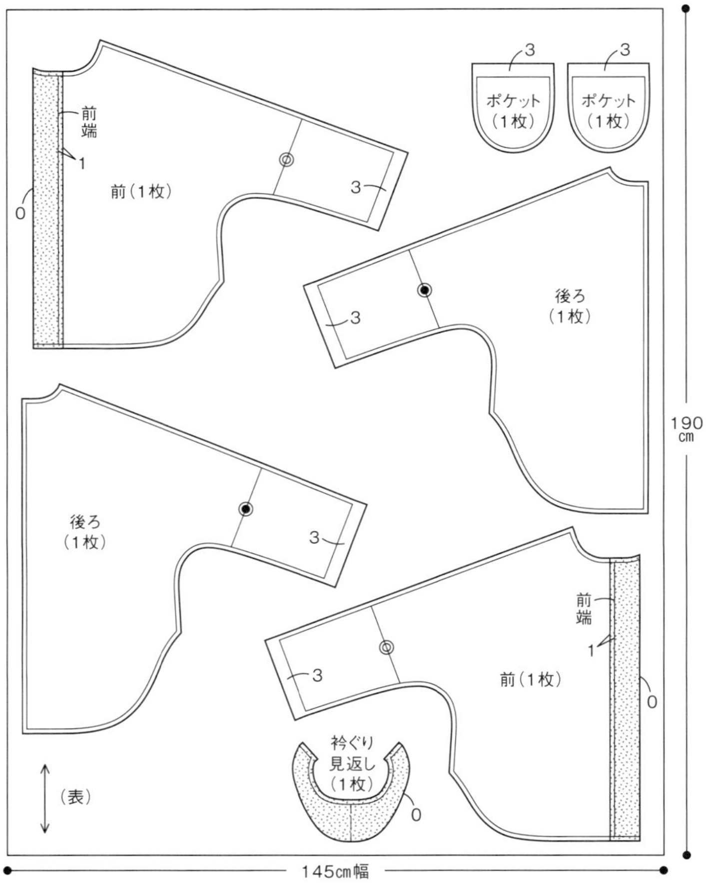

薄手木綿

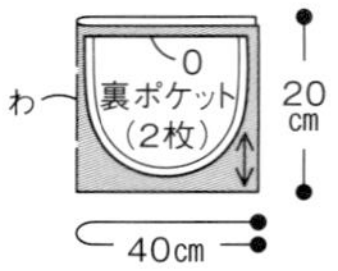

＊指定以外の縫い代は1cm
＊ 接着芯をはる位置

2. 後ろ中心を縫う

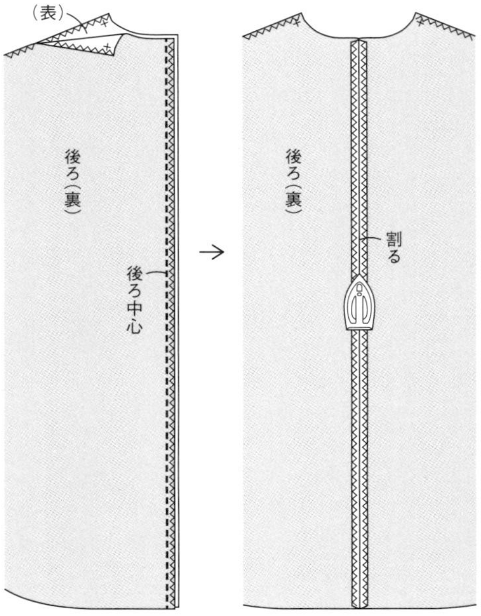

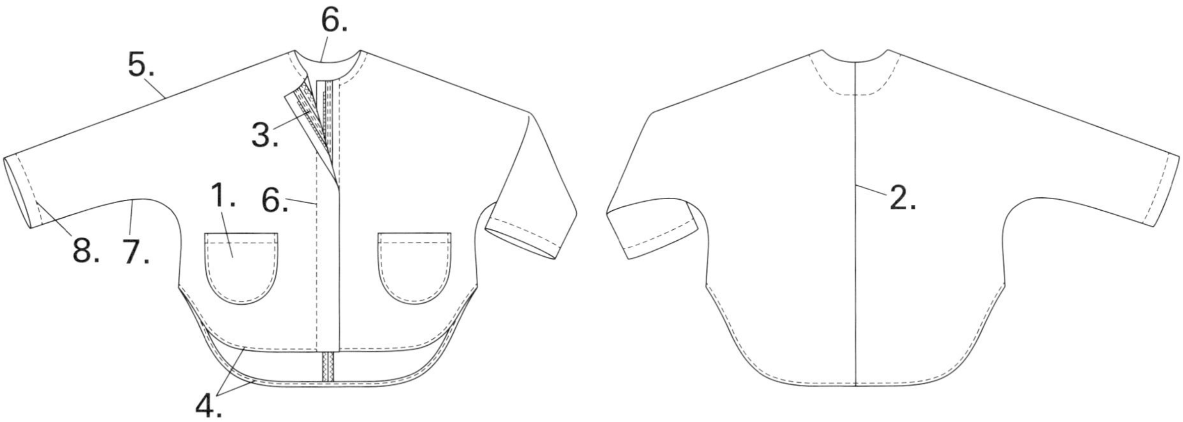

3. 前端にオープンファスナーをつける

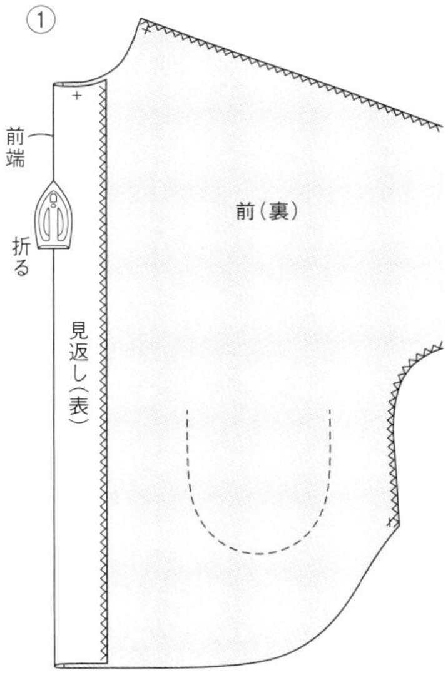

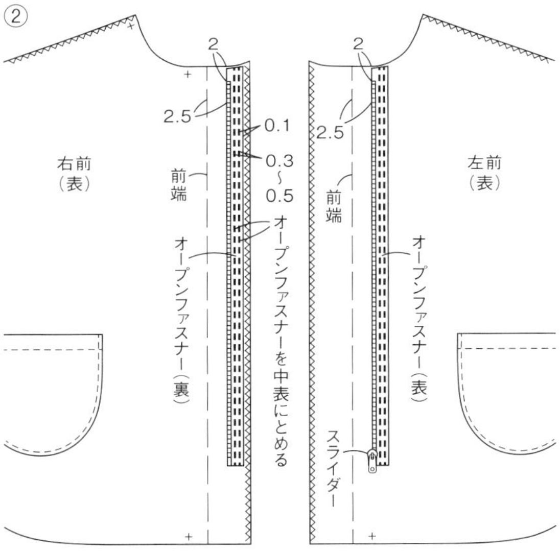

4. 裾の始末をする

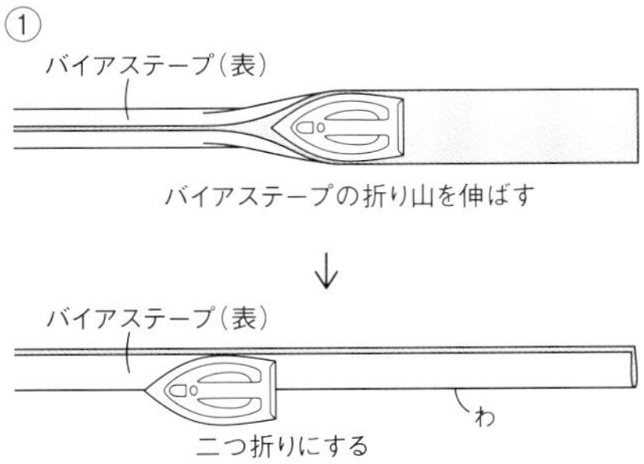

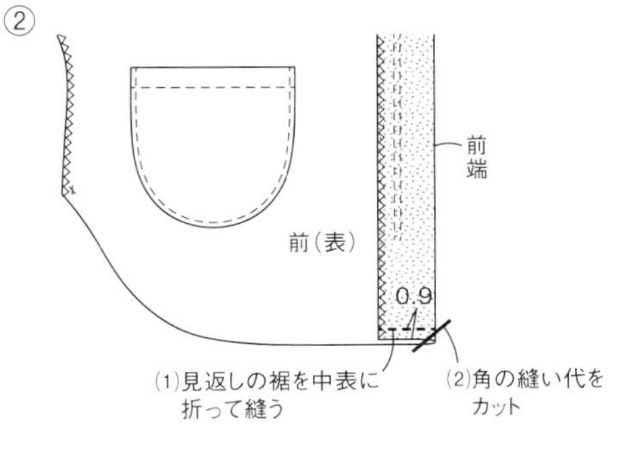

③

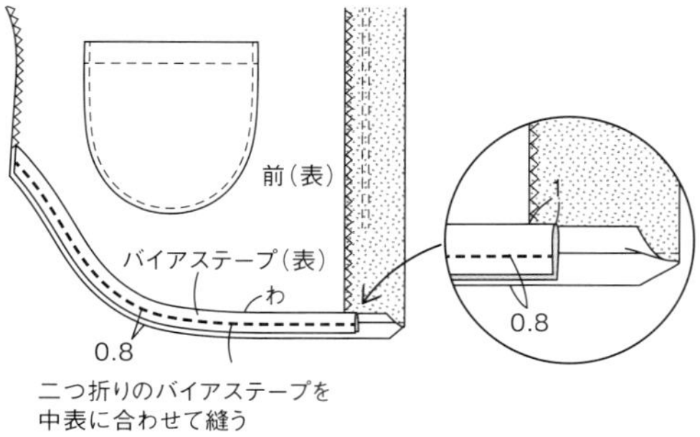

④

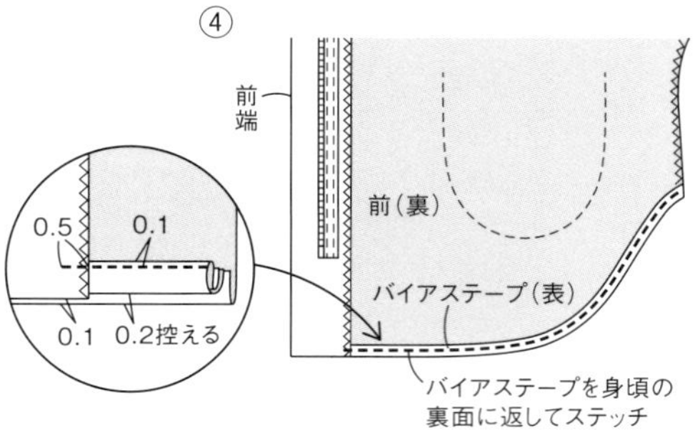

⑤

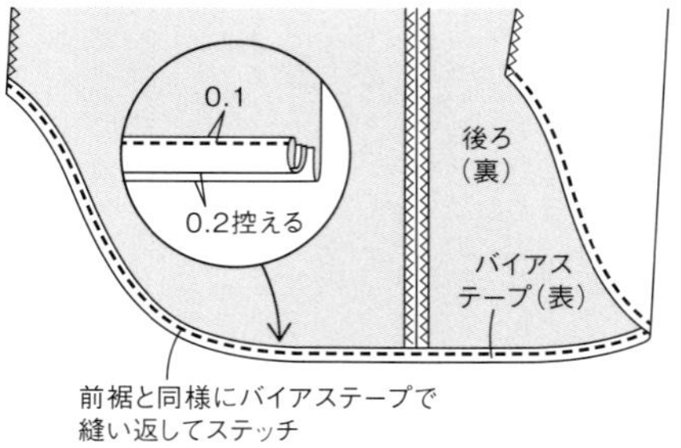

5. 肩を縫う

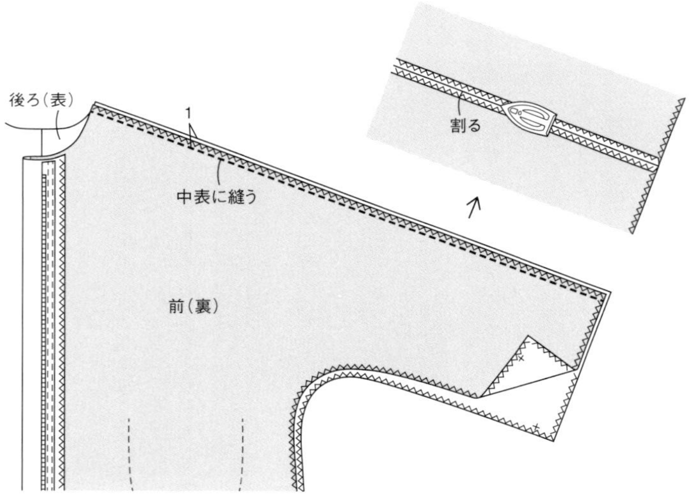

6. 衿ぐりを縫い、前端にステッチをかける

①

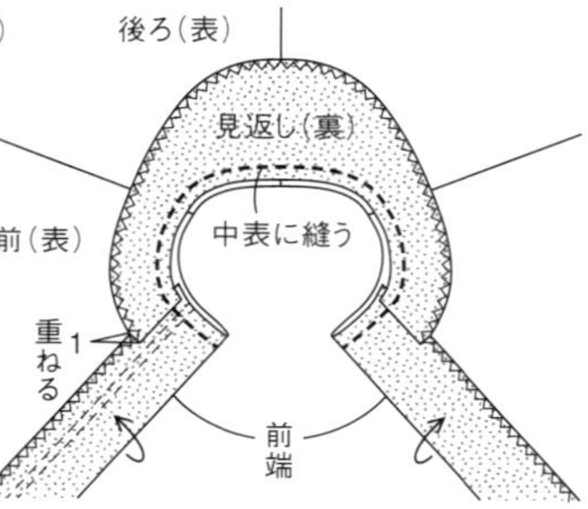

②

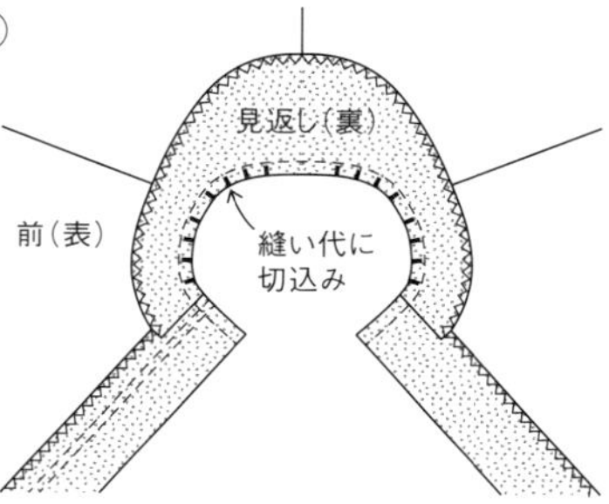

③

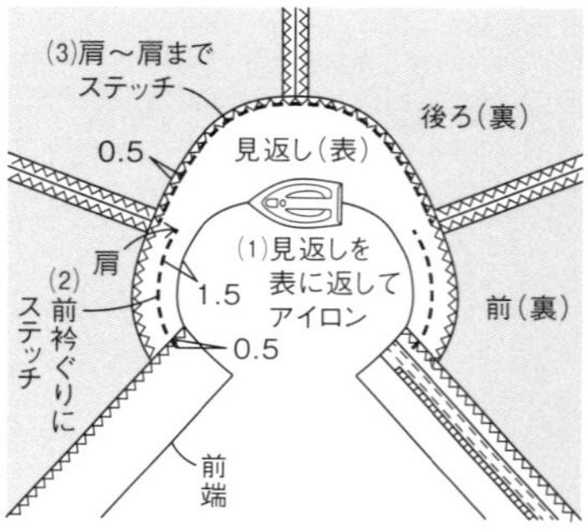

④

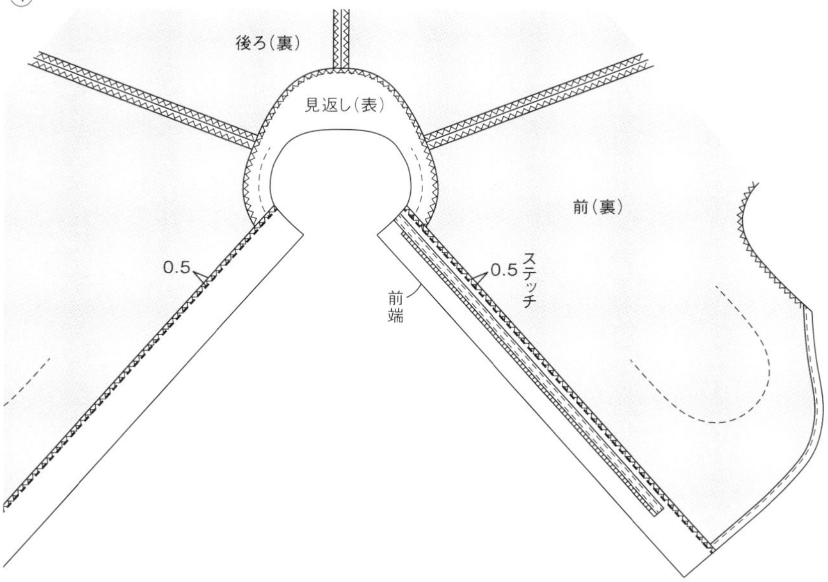

⑤

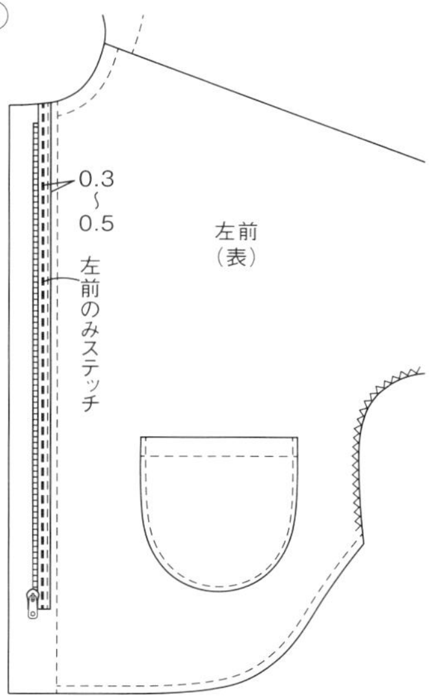

7. 袖下~脇を縫う

①

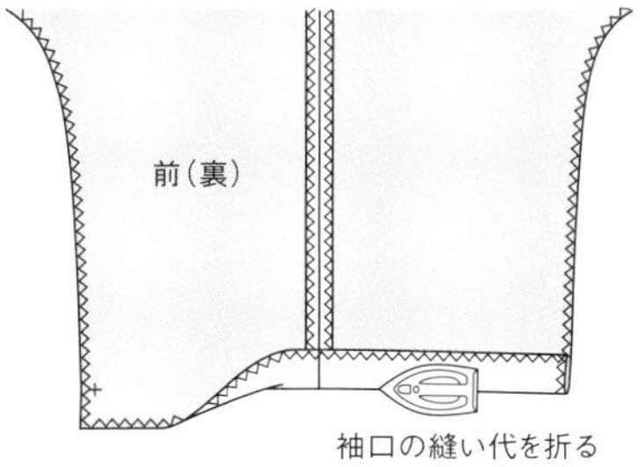

②

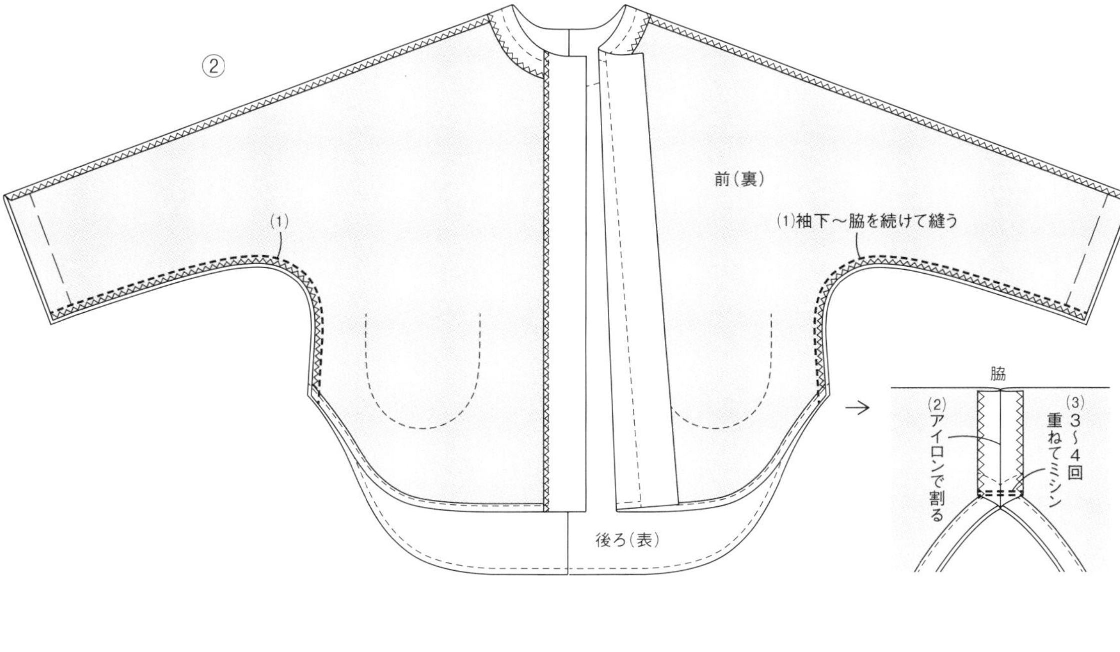

8. 袖口の始末をする

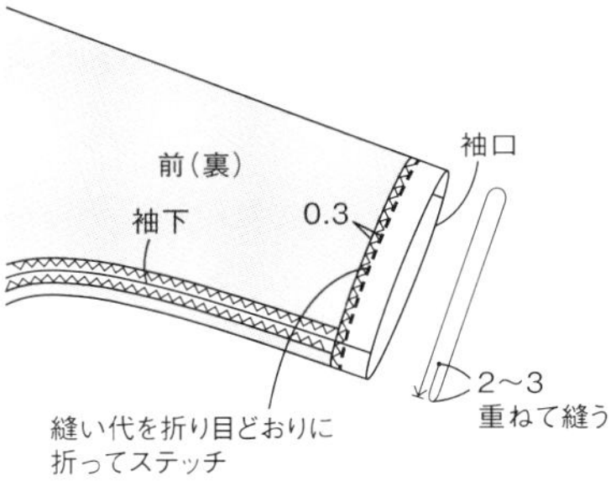

p.14 # E-2 ドルマンスリーブジャケット

【出来上り寸法】
S ＝バスト約131cm　着丈73cm　ゆき丈約74.5cm
M ＝バスト約136cm　着丈73cm　ゆき丈約75.3cm
L ＝バスト約141cm　着丈75cm　ゆき丈約77.1cm
LL＝バスト約146cm　着丈75cm　ゆき丈約77.9cm

【パターン(4面)】
E後ろ身頃　E前身頃　E衿ぐり見返し　Eポケット

【材料】
表布　コットンカットソー…160cm幅1m60cm
薄手木綿(裏ポケット用)…40×20cm
接着芯…90cm幅70cm
バイアステープ（裾縫い代の始末用・両折りタイプ）…1.8cm幅1m70cm
ドットボタン…直径1.3cm1組み

【作り方のポイント】
・表布はボーダーのカットソー。使用量は柄合せ分を考慮していないので、柄合せをする場合は10～20cm余分に布を用意します。
・カットソーは伸縮性のあるニット地なので、ニット用ミシン糸、ニット用ミシン針を使います。

【下準備】
1. 衿ぐり見返し、前身頃前端の見返し部分の裏面に接着芯をはる。
2. 肩、脇～袖下、袖口の縫い代、見返しの外回り、前身頃の見返し端にロックミシン(またはジグザグミシン)をかける。

【縫い方順序】
1. ポケットを作ってつける。→p.41
2. 裾の始末をする。→p.87
3. 肩を縫う。→p.88
4. 衿ぐりを縫い、前端にステッチをかける。→図
5. 袖下～脇を縫う。→p.89
6. 袖口の始末をする。→p.89
7. ドットボタンをつける。→図

【裁合せ図】
表布

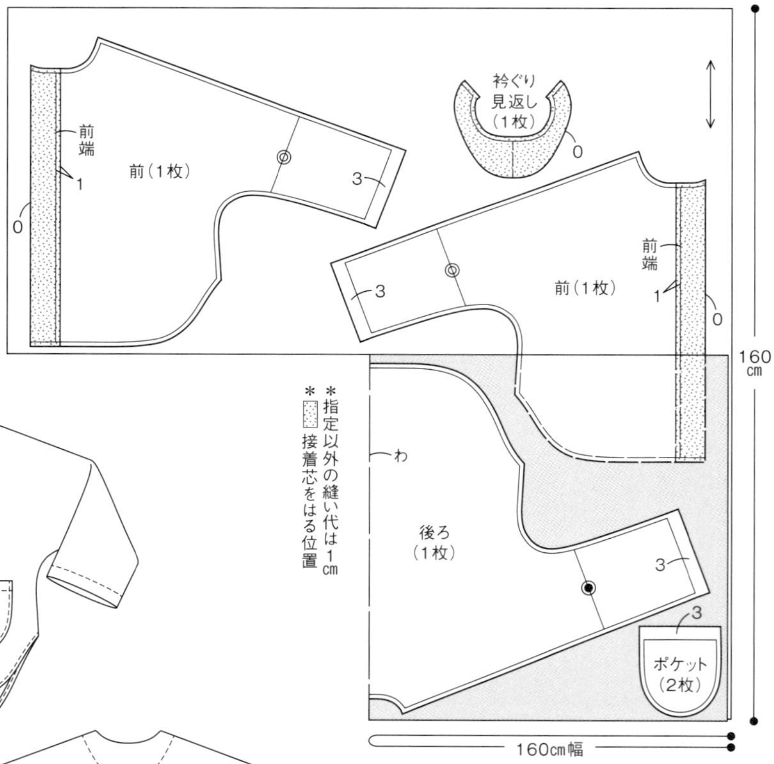

薄手木綿

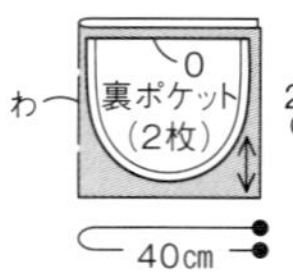

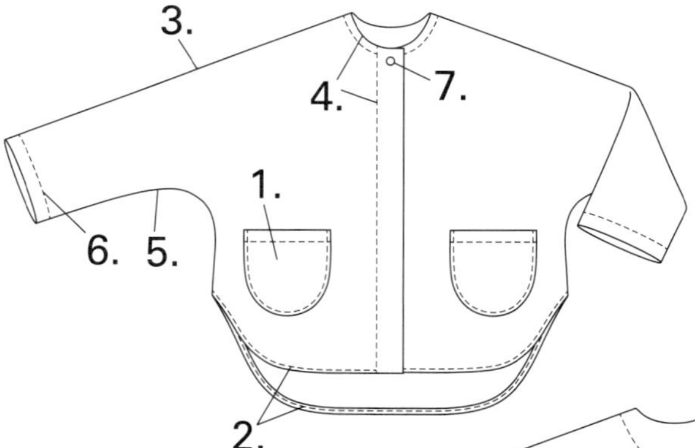

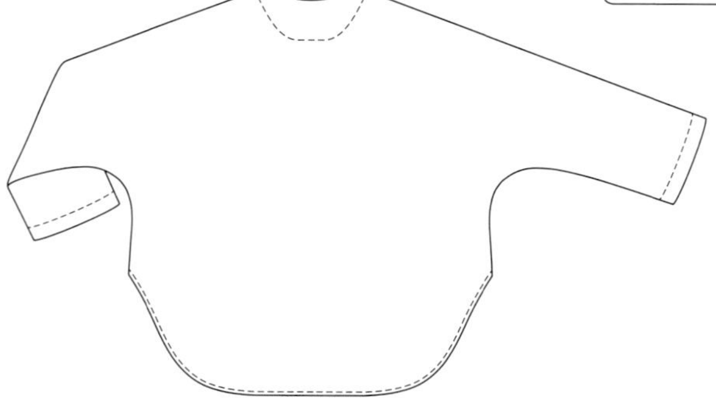

4. 衿ぐりを縫い、前端にステッチをかける

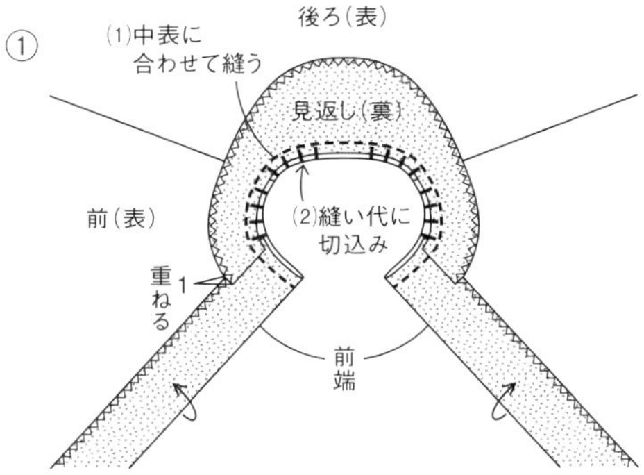

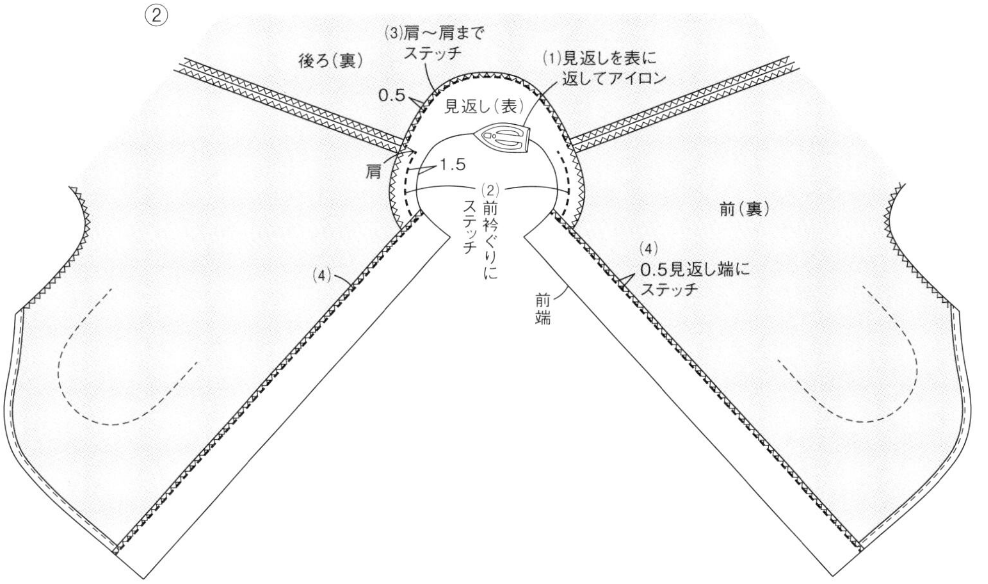

7. ドットボタンをつける

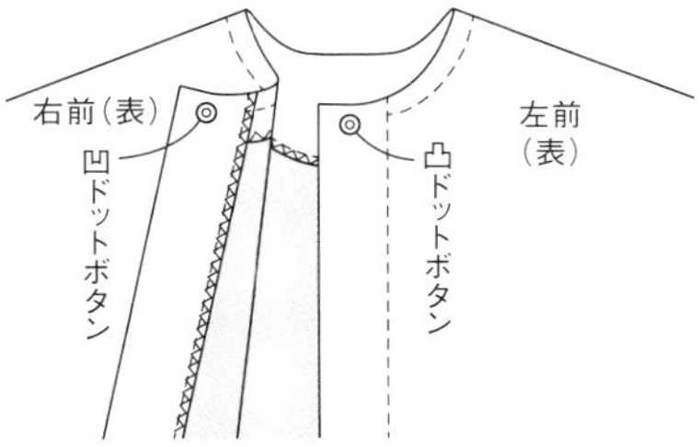

p.25　E-3 ドルマンスリーブジャケット

【出来上り寸法】

S　＝バスト約131cm　着丈73cm　ゆき丈約74.5cm
M　＝バスト約136cm　着丈73cm　ゆき丈約75.3cm
L　＝バスト約141cm　着丈75cm　ゆき丈約77.1cm
LL＝バスト約146cm　着丈75cm　ゆき丈約77.9cm

【パターン(4面)】

E後ろ身頃　E前身頃　Eポケット

【材料】

表布　ウールダブルフェース…145cm幅1m80cm
(パターンを差し込めない素材…145cm幅2m10cm
→p.86のように配置)
毛糸…適宜

【作り方のポイント】

衿ぐり～前端～裾、袖口、ポケット口は裁切りのままブランケット・ステッチでかがるので、裁ち端のほつれにくい布を選んでください。また袖口はそのまま折り返すので布の裏面が出ます。表、裏のわからない布または裏面が出ても気にならない布を使います。

【裁合せ図】

表布

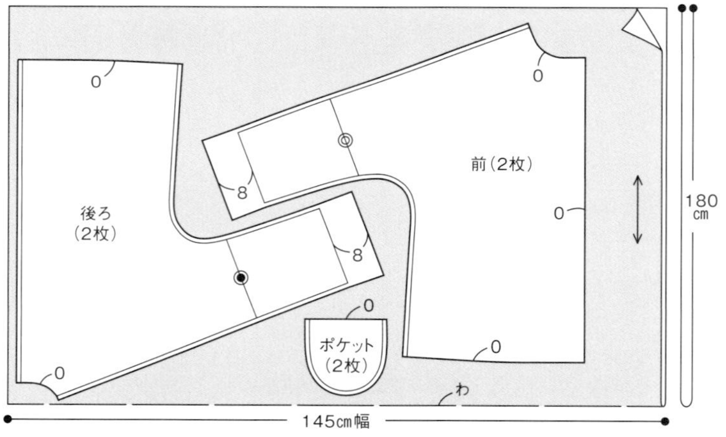

*指定以外の縫い代は1cm

【下準備】

後ろ中心、肩、袖下～脇の縫い代にロックミシン(またはジグザグミシン)をかける。

【縫い方順序】

1. ポケットを作ってつける。→図
2. 後ろ中心を縫う。→p.86
3. 肩を縫う。→図
4. 袖下～脇を縫う。→図
5. 衿ぐり～前端～裾、袖口、ポケット口に毛糸でブランケット・ステッチを刺す。

1. ポケットを作ってつける

①

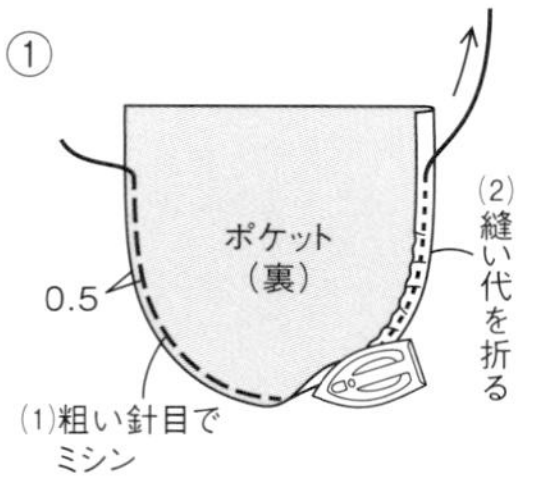

②

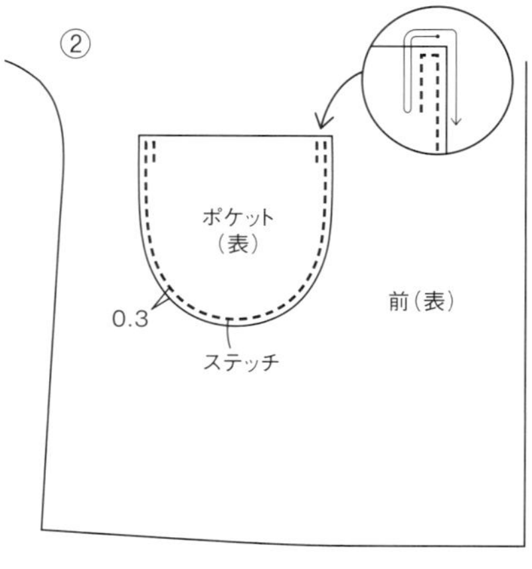

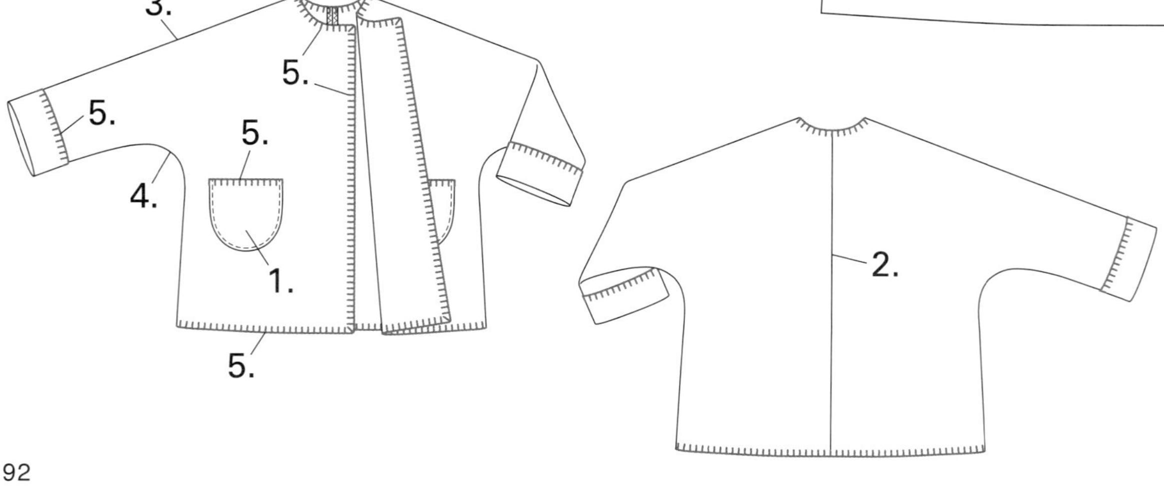

3. 肩を縫う

①

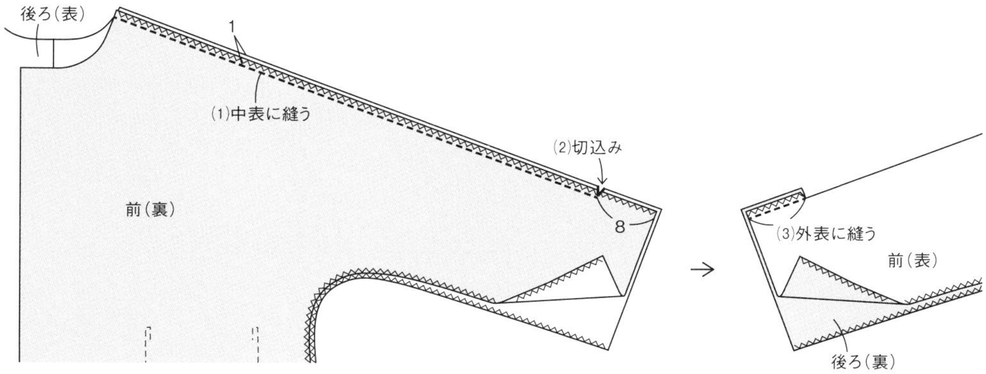

②

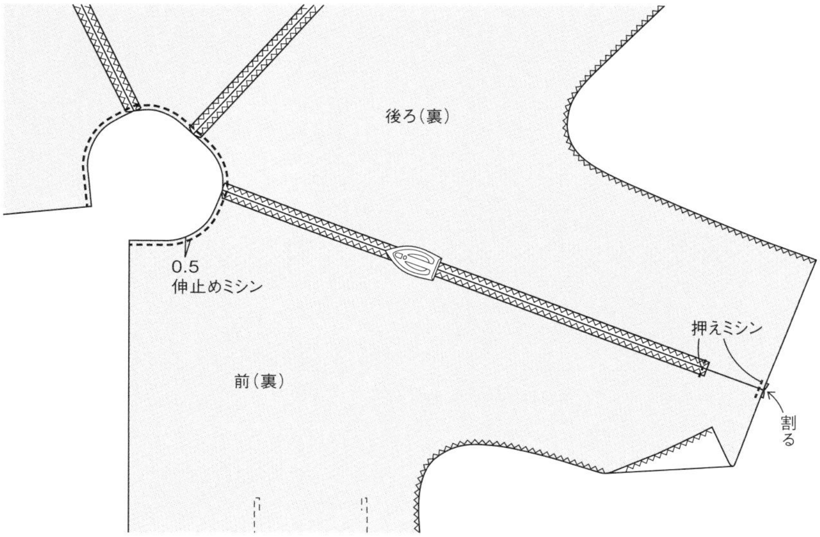

4. 袖下〜脇を縫う

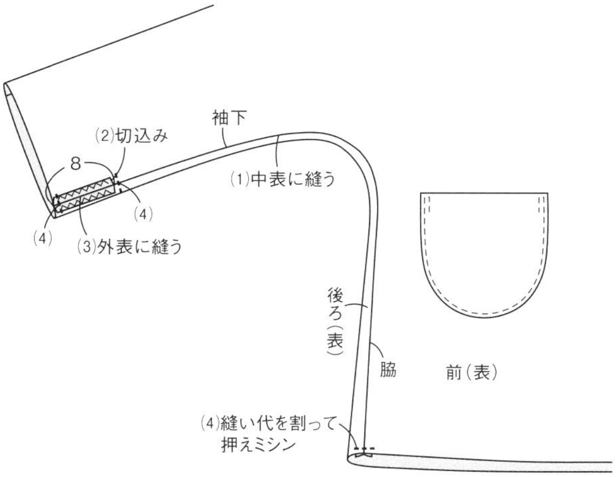

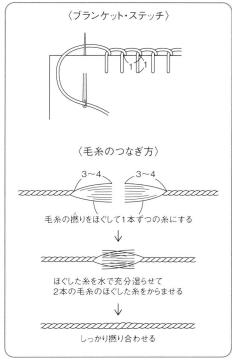

〈ブランケット・ステッチ〉

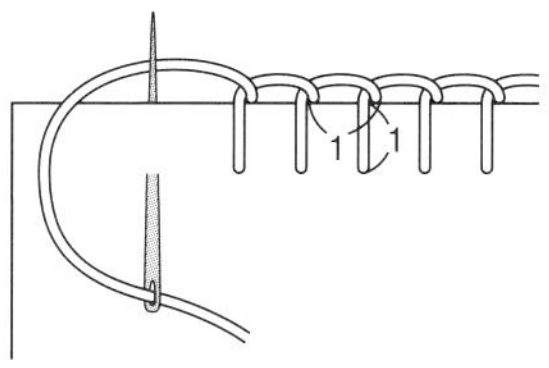

〈毛糸のつなぎ方〉

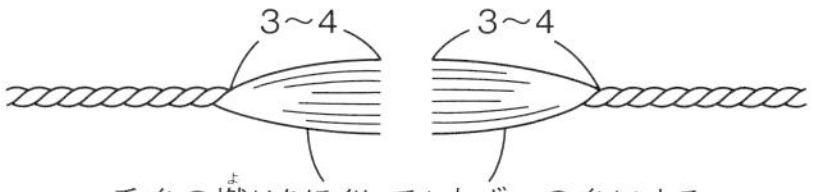

毛糸の撚《よ》りをほぐして1本ずつの糸にする

↓

ほぐした糸を水で充分湿らせて
2本の毛糸のほぐした糸をからませる

↓

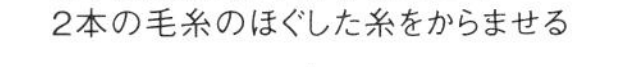

しっかり撚り合わせる

p.30

E-4 ドルマンスリーブジャケット

【 出来上り寸法 】
S　＝バスト約131cm　着丈73cm　ゆき丈約74.5cm
M　＝バスト約136cm　着丈73cm　ゆき丈約75.3cm
L　＝バスト約141cm　着丈75cm　ゆき丈約77.1cm
LL＝バスト約146cm　着丈75cm　ゆき丈約77.9cm

【 パターン（4面）】
E後ろ身頃　E前身頃　Eポケット　Eベルト
＊ベルト通しは裁合せ図の寸法で直接布を裁つ。

【 材料 】
表布　シルクウール…145cm幅1m80cm
（パターンを差し込めない素材…145cm幅2m50cm
→p.86のように配置）
シルク（裏ポケット用）…40×20cm
テープ　ニットテープ…1.8cm幅2m

【 下準備 】
後ろ中心、肩、袖下～脇の縫い代にロックミシン（またはジグザグミシン）をかける。

【 縫い方順序 】
1. ポケットを作ってつける。→p.41
2. 後ろ中心を縫う。→p.86
3. 肩を縫う。→p.88
4. 袖下～脇を縫う。前身頃と後ろ身頃の脇～袖下を中表に合わせて縫い、縫い代を割る。
5. 裾の始末をする。→図
6. 袖口の始末をする。→図
7. 前端、衿ぐりにテープをつける。→図
8. ベルト通しを作ってつける。→図
9. ベルトを作る。→図

【 裁合せ図 】

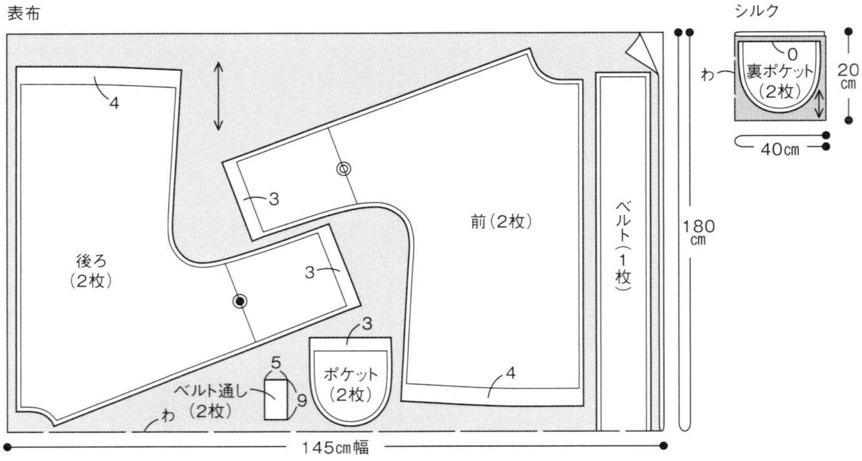

＊指定以外の縫い代は1cm

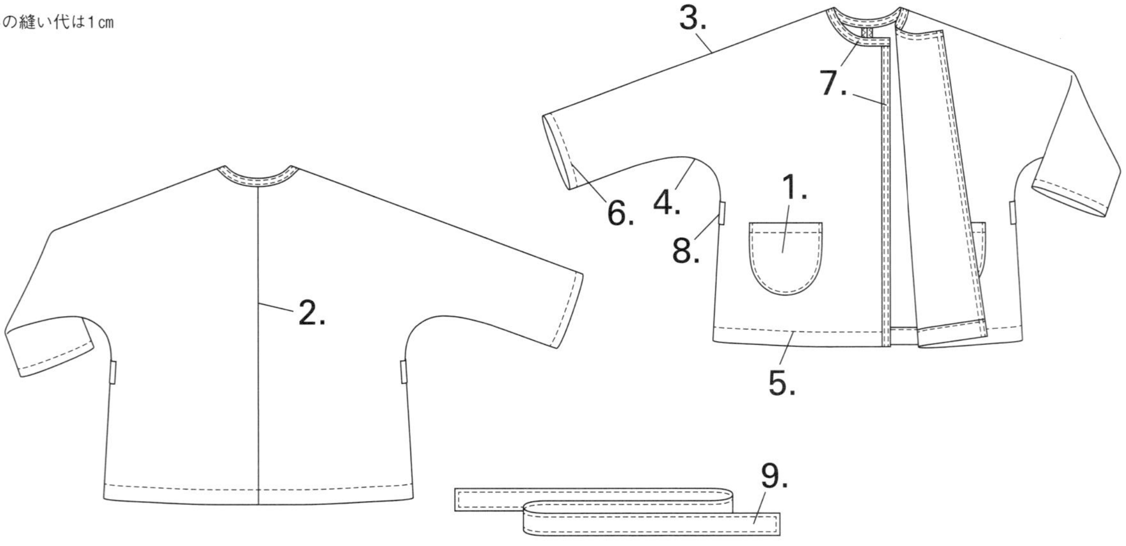

5. 裾の始末をする

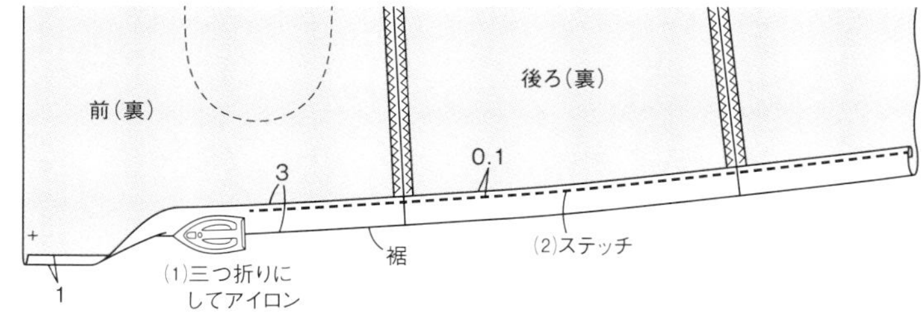

6. 袖口の始末をする

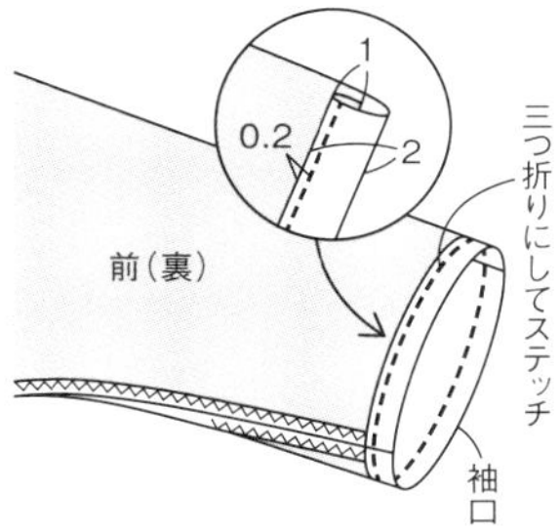

7. 前端、衿ぐりにテープをつける

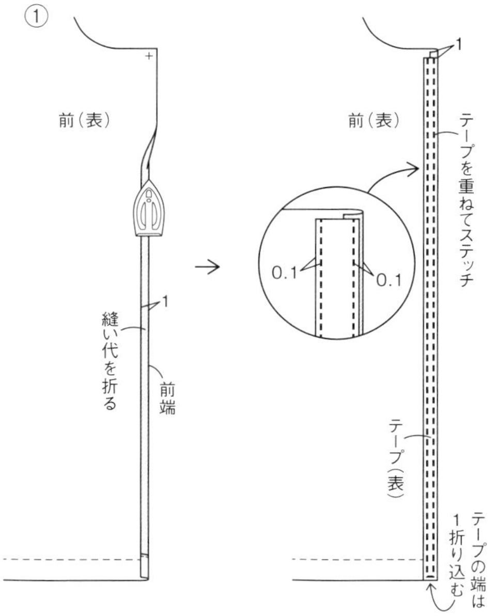

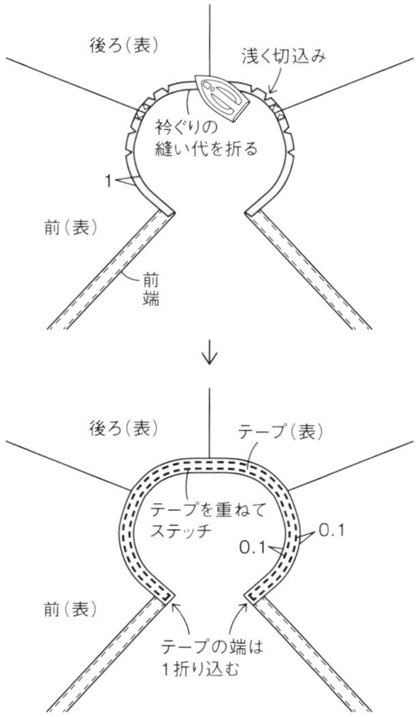

8. ベルト通しを作ってつける

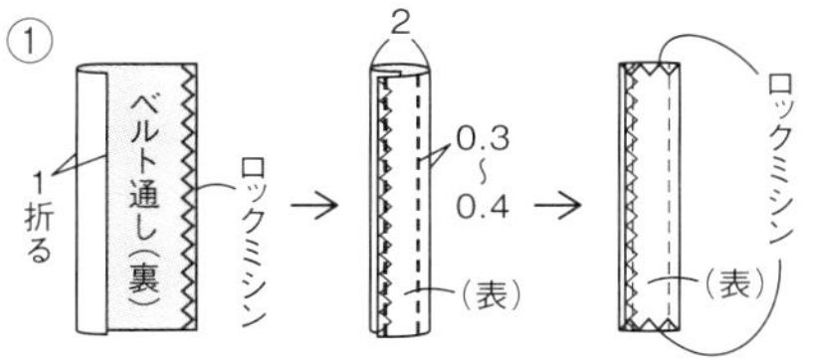

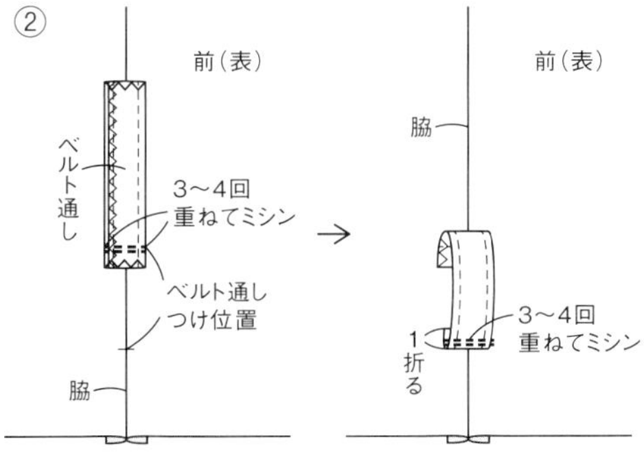

9. ベルトを作る

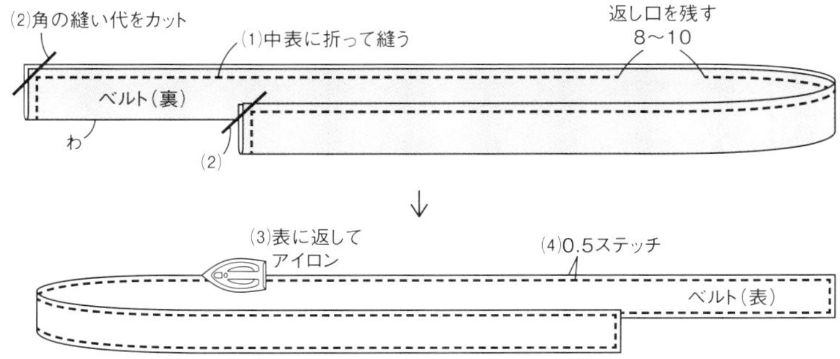

香田あおい（こうだあおい）

京都市生れ。京都市在住。
アパレルメーカー（デザイン・パターン）勤務を経てフリーランスに。洋服、バッグ、生活雑貨などをリネン素材中心に作るソーイング教室「LaLa Sewing été」を主宰。アパレルの合理的な縫製技術と独自のアイディアにより、簡単で楽しいソーイングを伝授している。2023年春にソーイング教室にファブリックなどのショップ、イベントスペースなどを併設している「LaLa Sewing été」を、京都・下鴨神社にほど近い閑静な住宅地にオープン。また、オンラインでのレッスンやショップも好評運営中。著書は『Ladyなデニム』（文化出版局）など多数。

右のQRコードをタブレットやスマートフォンなどで読み取ることで、著者の香田あおいさんによる、縫い方の動画が見られます。解説と合わせてソーイングに活用してください。

ブックデザイン　葉田いづみ
撮影　有賀 傑
大西二士男（p.39〜48）
スタイリング　串尾広枝
ヘア＆メークアップ　高野智子
モデル　安藤ひろみ　高橋佳子

作り方原稿　百目鬼尚子
デジタルトレース　宇野あかね（文化フォトタイプ）
パターングレーディング　上野和博
パターン配置　近藤博子
作品製作協力　宮崎教子　大崎由美
原田紗希　佐々良子
パターン協力　ツー

校閲　向井雅子
編集　宮﨑由紀子
大沢洋子（文化出版局）

カッコいいジャケットを作る

2024年11月10日　第1刷発行

著　者　香田あおい
発行者　清木孝悦
発行所　学校法人文化学園 文化出版局
〒151-8524
東京都渋谷区代々木3-22-1
tel.03-3299-2489（編集）
03-3299-2540（営業）
印刷・製本所　株式会社文化カラー印刷

文化出版局のホームページ　https://books.bunka.ac.jp/

⦿ 布地提供

Faux & Cachet Ink.　tel.06-6629-8218
https://www.fauxandcachetinc.com/
C-3

生地の森　https://www.kijinomori.com/
A-3、A-4、B-1

清原
http://www.kiyohara.co.jp/store
B-2（コーデュロイ、細畝コーデュロイバイアステープ）
B-3（ニットテープ）

LaLa Sewing été　tel.075-757-1397
http://www.lalasewing.com/
A-1a、A-1b、A-2、B-2（コットンプリント）
C-1、C-2、D-1、D-2、D-3、D-4、E-2、E-3

大塚屋 車道本店　tel.052-935-4531
https://otsukaya.co.jp/
C-4

the linen bird（リネンバード）
tel.03-5797-5517　https://linenbird.com/
B-3、E-1、E-4

⦿ スタイリング協力

AIR ROOM PRODUCTS（プントデザイン）
tel.03-6452-4576
A-1b（シャツ）、D-3（シャツ、クルーネックニット）

Blanc Bleu Minuit（ニィードゥー）　tel.03-6459-5945
C-2（ニット）、A-1a（ニット）

CLOLI（yard）　tel.06-6136-5225
A-2（Tシャツ）、C-2（スカート）、
B-1（パンツ）、E-4（ブラウス）

FIL DE FER（フィル デ フェール たまプラーザ店）
tel.045-904-3890
C-3（スカート）

fruits of life　https://fruitsoflife.net/
D-2（ワンピース）、E-3（ミュール）、E-1（ハイネックシャツ）、
D-1（バンドカラーシャツ）

OLD JOE（OLD JOE FLAGSHIP STORE）
tel.03-5738-7292
A-2（デニム）、A-3（シャツ）

ORDINARY FITS（yard）　tel.06-6136-5225
A-3（スカート）、A-1b（パンツ）、C-1（カーディガン）、
A-4、C-4（デニム）、E-3（セーター）、E-4（Tシャツ）、
D-4（セーター）、B-3（カーディガン）

plus by chausser（プリュス バイ ショセ）
tel.03-3716-2983
A-1a、A-2、B-1、D-3（ローファー）
A-3（サンダル）、C-3、D-1（Tストラップパンプス）
chausser（プリュス バイ ショセ）
B-2、C-1、E-1、C-4、E-4（レースアップシューズ）
TRAVEL SHOES（プリュス バイ ショセ）
D-2、E-2、C-2（スリッポン）

Sashiki　tel.0467-28-8108
A-2、D-2、B-1、D-3（帽子）

NOMBRE IMPAIR（ノンブルアンペール吉祥寺パークストア）　tel.0422-26-8300
E-2（パンツ）、D-1（パンツ）、D-4（サロペットパンツ）

AWABEES